楽ありゃ苦もある

地味ごはん。

和田明日香

JN028989

主婦の友社

はじめに

　2021年。『10年かかって地味ごはん。』が発売になりました。発売当初は、料理の履歴書をみなさんに見てもらうような気持ちでした。料理がまったくできなかった頃から、どうやって自分の料理を見つけてきたのか、普段家族にはどういうごはんを作っているのか、背伸びせず、かっこつけず、ありのままを伝えようと思って作った本でした。

　あれから2年。2作目となるこの本の企画を進める中で、1作目にはない新しい要素を入れるべきかどうか迷いました。バージョンアップしなくていいのか？って。でも気づいてしまった。作っている料理は、ずっと代わり映えしていないということに。そりゃあ、仕事では新しいレシピも考案していますが、晩ごはんは似たようなもんばっかり。子どもたちの好き嫌いがなくなる魔法のようなレシピなんてないし。食べたいものも作りたいものも思い浮かばない空っぽの日だってあります。残念ながらそれがわたしの現実。生まれながらの料理好きには、どうしたってなれないのでしょう。

　それでもキッチンには立ち続けている。それは、ごはんを作って食べることは、自分を取り戻す作業のような気がするから。楽ありゃ苦もあるいろんな毎日でも、代わり映えしないおかずを家族と囲めば、わたしの大事なものはちゃんとここにある、って思えるからです。だから料理はやめられません。

　結局、新しい要素は無理に入れないことに決めました。1作目と同じように、普段家族に作っているごはんを紹介するただの続編になりました。でも、これでしっくりきています。わたしはこの本を通じて、あなたの楽ありゃ苦もある毎日に寄り添いたい。それなら、代わり映えしない地味ごはんをたんたんと届けるのがいい。そう思って作りました。バージョンアップはみなさんにお任せすることにします。どんどん自分の料理にしちゃってくださいね。

和田 明日香

Contents

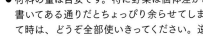

─── この本のレシピについて ───

● 材料は4人分です。
● 材料の小さじ1は5㎖、大さじ1は15㎖、1カップは200㎖、1合は180㎖です。
● 鰹節は、特に表記がないものは、だし用として売られている、大きくてふわふわしているものを使っています。
● 材料の量は目安です。特に野菜は個体差があるので、書いてある通りだとちょっぴり余らせてしまう、なんて時は、どうぞ全部使いきってください。逆にちょっ

ぴり足りない、なんて時は、わざわざ買いに行かずに、冷蔵庫の中の材料でアレンジしてみるのも手です。また、野菜類は表記のない場合、洗う、皮を剥くなどの作業を済ませてからの手順を説明しています。
● 玄米由来の栄養成分を含み、他の油に比べて酸化しにくいので、我が家は米油を使用しています。揚げ油にも使います。サラダ油で代用できます。
● 酒は、料理酒を使っています。

題字・食器提供／和田明日香

Part

1

たどり着いた味と作り方

明日香風の
定番料理

　定番のおかずのレシピは、もうすでに世の中に溢れています。たとえば、「生姜焼き レシピ」でGoogle検索すると、これを書いている2022年末、約1670万件がヒット。「ハンバーグ レシピ」だと約3250万件。ほお、生姜焼きよりハンバーグの方が断然多いんですね。

　ともかく、そんなにたくさんのレシピがある中で、わたしたちはどうやって自分の味を見つけるのでしょう。いろんなレシピを試して、比べて、組み合わせたり、微調整したり。定番で、よく知っている料理だからこそ、細かいイメージや理想があって、なかなか「これだ」というものにたどり着けない。わたしはそうでした。なんなら今もまだ、たどり着いてないような気がします。もっと美味しくするにはどうしたらいいだろう、という気持ちが、まだまだわいてくるから。

　決して、ここで紹介するレシピが未完成ということではないのでご安心を。自信を持ってお届けできるようになるまで何度も繰り返し作って育ててきた、わたし流の定番のおかずレシピです。あなたの味を見つけるための道しるべのひとつになれたら嬉しいです。

みんないい生姜焼き

生姜焼きが面白いのは、家庭によってちょっとしたちがいが出るところ。豚肉の部位や厚さ、生姜の形状、玉ねぎを入れるか入れないか、それから調味料のバランス。みんながイメージできる料理なんだけど、頭に思い浮かべる生姜焼きがみんなちょっとずつちがうっていうのが、わたしはすごく面白いなと思う。料理だって、みんなちがってみんないいんです。

材料

豚肉しゃぶしゃぶ用…300g
（脂と赤身のバランスが良い肩ロースがおすすめ。こってり派は豚バラでどうぞ。）

砂糖…小さじ½

玉ねぎ…½個

しょうが…1片

Ⓐ 醤油…大さじ2
　 酒…大さじ1
　 みりん…大さじ1
　 塩…ひとつまみ

米油…大さじ1

付け合わせ

キャベツの千切り、トマト、
マヨネーズ、七味唐辛子

下ごしらえ

◆ 玉ねぎは半分まですりおろして、残りは繊維にそって薄切りにする。

◆ しょうがはよく洗って皮ごと薄切り。しょうがの辛味を抑えたければ、さらに細く切りましょう。

作り方

1 豚肉をボウルに入れて、砂糖、すりおろした玉ねぎ、しょうがを加えてもみもみ。砂糖は下味というより、保湿効果と思って。

2 フライパンに米油を入れて中火にかけ、薄切りにした玉ねぎを炒める。焼き色をつけたいのであまり触りすぎないように。

3 玉ねぎがところどころ茶色くなったら、**1**の豚肉を入れて炒める。

4 豚肉の色が変わったら、Ⓐを加えて強火に。汁気が豚と玉ねぎにしっかり馴染んでなくなってくるまで炒める。

すりおろしと薄切りのダブル使い。生姜焼きの味を支えるのは、玉ねぎの力。

この本にはハンバーグのレシピも入れたいなと思って、家族に「ハンバーグってさ、普通に焼いたのと煮込みハンバーグ、どっちが好き?」って聞いてみたんです。そしたら、なんと全員が、煮込みハンバーグとアンサー。そんなに煮込んできたかな?と不思議に思いつつ、みんなの答えが一致したことが妙に嬉しくて、煮込みを採用させていただきました。

10

材料

豚ひき肉…250g

牛ひき肉…250g

Ⓐ ┌ 卵…1個
　　　牛乳…50㎖
　　　玉ねぎ…½個
　　　塩…小さじ¼
　　　こしょう…少々
　　└ 乾燥パン粉…½カップ

キャベツ…¼玉

セロリ…2本

味噌…大さじ3〜4

砂糖…大さじ2

にんにく…1片

トマトジュース（無塩）…500㎖

米油…小さじ2＋小さじ2

下ごしらえ

◆ Ⓐの玉ねぎは、できるだけすり
おろして、すりおろせなかった
残りはみじん切りに。

作り方

1　ボウルにⒶを入れて混ぜる。まずは卵を溶いてから、他の材料を加えると混ぜやすい。

2　パン粉がふやけて全体がとろんとしたら、ひき肉2種を加えてよくこねる。こねる手に肉が抵抗してきて、たねが白っぽくなるのが「粘りが出た」という合図。そこまでいったらラップをして冷蔵庫で休ませる。

3　たねを休ませている間に、野菜と煮込みソースの下ごしらえ。キャベツは、バラバラにならないように芯をつけたまま4等分にくし切り。セロリは3㎝ぐらいにざくざくと切る。ボウルに、味噌、砂糖、にんにくをすりおろして入れ、トマトジュースを少しずつ加えて味噌をのばしながら混ぜる。

4　冷蔵庫からたねを出す。フライパンに米油を入れ、その油を指にとって手のひらに馴染ませる。手に油が馴染んでいると、ひき肉が手につきにくいし、ハンバーグの表面もなめらかになって、きれい。ツルツルになった手でたねを8等分にして成形し、フライパンに並べる。並べ終えてから強火にかけ、両面に焼き色をつける。

5　ハンバーグを皿に取り出し、フライパンに米油を足して、中火でキャベツを焼く。

6　キャベツに焼き色がついたらセロリと煮込みソースを加え、キャベツがしょんぼりするまで煮込む。

7　ハンバーグをフライパンに戻してさらに10分、蓋をせずにソースを煮詰めながら煮込む。

味噌でとろみがついて、ほどよいこってり感のあるソースに。やっぱり味噌って偉い。

全会一致の煮込みハンバーグ

魚からあげ

ASKA'S COMMENT

魚、というか、海の生き物はみんな嫌いだと言う我が家の長男が、最初に食べてくれるようになったのが「さわらの塩焼き」。臭みをしっかりとってパリッと焼きあげるために、かなり試行錯誤しました。食べてくれるのが嬉しくてさわらばっかり買っていたら、ある日塩焼きに飽きて（わたしが）、からあげにしてみました。やっぱりからあげって強いな。絶対美味いもんね。

材料

さわらの切り身

　…3切れ（1切れが大体140g）

（たら、さば、かつお、鮭などなど、いろんなお魚で作れます。）

Ⓐ 醤油…大さじ1
　　酒…大さじ1
　　にんにく…½片
　　しょうが…½片

小麦粉…大さじ2

片栗粉…大さじ2

卵…1個

揚げ油…適量

レモン…1個

下ごしらえ

◆ Ⓐのにんにくとしょうがはすりおろす。

作り方

1　さわらはキッチンペーパーで水気をおさえて、一口大に切り、ボウルに入れる。Ⓐを加えて10分以上、時々混ぜて様子を見ながら、さわらがつけ汁を吸うまでつける。

2　魚をつけている間に、油を180度に温め、衣を準備。ボウルに小麦粉と片栗粉を合わせ、卵を加えて混ぜる。

3　さわらを衣にくぐらせて揚げる。きつね色になったら網に取り出して油をきる。

4　レモンをたっぷり搾るのがおすすめ。柑橘は魚の生臭さを和らげる効果があるんだとか。

あら？あなた乾いてたの？って驚くぐらい、しっかり水分吸います。待っててあげてね。

ASKA'S COMMENT

師匠、平野レミ流の酢豚の作り方。「これなら歯に肉が挟まんないでしょ!」とのこと。たしかに、四角く切った塊肉よりも豚肉ボールの方が口の中でほろっとほどけてやわらかい。師匠の大発明、リスペクトを込めてパクらせていただいています。ピーマンでも、にんじんでも、きのこでも、好きな野菜や冷蔵庫の残り野菜を合わせてみんなでパクりましょうね。

師匠の酢豚

材料

豚バラ肉しゃぶしゃぶ用…300g

酢…大さじ1

塩…小さじ¼

片栗粉…大さじ2

玉ねぎ…½個

なす…1本

椎茸…4枚

ごま油…大さじ2

Ⓐ ┌ 片栗粉…小さじ1

酢…大さじ2

酒…大さじ2

砂糖…大さじ1.5

醤油…大さじ1

└ ケチャップ…大さじ2

ミニトマト…8〜10個

下ごしらえ

◆ 玉ねぎは、くし切りにしてから縦半分に切る。なすは乱切り。椎茸は軸をとって半分に切る。とった軸も手でさいて使っちゃいましょう。いい味出ます。

作り方

1 豚肉をボウルに入れて、酢と塩をもみ込む。豚肉が酢を吸ったら、片栗粉も加えてもみ込む。

2 豚肉を一口分とって手で丸める。ピンポン玉よりひとまわり小さいぐらいの大きさを目指して、最後はやさしく握る感じで。丸めたら耐熱皿に並べて、ラップをして電子レンジ（600W）で3分加熱。

3 レンチンしている間にⒶを順に混ぜる。まずは片栗粉を酢でしっかり溶かしてから他の調味料を混ぜるとダマになりません。

4 フライパンにごま油を熱し、野菜を炒める。なすが油を吸ったら豚肉ボールを加える。ここで**激しく混ぜるとボールがほどけてしまうので、さっと炒め合わせる程度で。**

5 Ⓐとミニトマトを加えて、鍋を振りながら混ぜる。全体的にとろみがついて、ミニトマトがツヤツヤになったら火を止める。

丸めたら、最後にきゅっとかるく握るのをお忘れなく。レンチンの間でほどけないように。

コロッケって大変でしょう。下ごしらえもまあまあ必要だし、火を通した芋と肉を合わせたあたりで「もうこれで美味しそうじゃん」って思って終わりたくなるし、その先はパン粉で手がべたべたになるし、使う道具も多いし揚げ物だしで、片付けも大変。でもそんな大変さがチャラになるぐらい、自分で作ったコロッケって本当に美味しい。美味しすぎて家族だけで食べるのもったいないわ、駅前で売ろうかな、っていつも思います。自己満最高。

16

材料

じゃがいも…500g（中3個）

塩…小さじ½

玉ねぎ…½個

米油…小さじ1

豚ひき肉…200g

Ⓐ 醤油…大さじ1
こしょう…たっぷりめ
砂糖…ひとつまみ

小麦粉…適量

卵…2個

乾燥パン粉…適量

揚げ油…適量

中濃ソース…お好みで

付け合わせ

キャベツの千切り

下ごしらえ

◆ 玉ねぎはみじん切り。じゃがいもは皮を剝いて芽をとり、一口大に切る。じゃがいもの芽、ピーラーの突起でくりぬくの、アイスをすくう時みたいで楽しくて好きです。

◆ 衣用の卵を溶く。

◆ パン粉にひと手間。ザルに入れて、ボウルにのせ、手や麺棒で潰してこすと、パン粉がサラサラに細かくなって油の吸収量が減り、油っこさがかるくなります。

作り方

1 鍋にじゃがいもと、じゃがいもがかぶるまで水を入れ、塩を加えて中火で茹でる。やわらかくなるまで大体7〜8分、途中で水が少なくなったら足しながら茹でる。

2 じゃがいもを茹でながら、炒め物もします。フライパンに米油を熱し、中火で玉ねぎを炒めて、透き通ったらひき肉を加える。肉の色が変わったらⒶを加え、強火にして水分を飛ばすように炒める。

3 じゃがいもがやわらかくなったら、鍋の水をかるく捨てて、鍋の中でじゃがいもを潰す。潰したじゃがいもが水分を吸ってくれるので、水は完全に捨てなくても大丈夫。潰し加減はお好みで。わたしはねっとりするまで徹底的に潰します。

4 潰したじゃがいもに**2**を合わせて、馴染ませる。

5 好きな大きさと形に成形して、小麦粉をまぶし、卵を絡めて、パン粉をぎゅっと押しつけ、170度の油できつね色になるまで揚げる。お好みで中濃ソースをかけて食べる。

じゃがいもと向き合い、ベストな潰し加減を。ここでコロッケの性格が変わります。

自己満コロッケ

だし巻き卵

材料

卵…4個

Ⓐ ┌ 合わせだし…大さじ8
　│ 醤油…小さじ1
　│ みりん…小さじ2
　│ 塩…ひとつまみ
　└ 片栗粉…小さじ1

（片栗粉は入れても入れなくてもどちらでも良い。入れた方が卵にまとまりが出て巻きやすくなる気がする。）

米油…何回かに分けて使いますが、
　　　合計で大さじ1.5ぐらい

下ごしらえ

◆ 卵焼きのためにだしをとるのかよ…と面倒に思うかもしれません。でも、これは卵というよりだしを食べる料理なので、どうかめんどくささを乗り越えてほしい。鍋に2カップぐらいの水と、だし昆布5cm四方を1枚と鰹節をひとつかみ入れて、それから火にかけます。沸騰したら弱火で5分ぐらいコトコト煮立て、ザルでこせば、濃いだしのできあがり。福岡の料亭でもこの方法でだしをとっていると聞いて、わたしも真似してます。それから人肌ぐらいまで冷まして、卵と混ぜてください。ここまで読んで、やっぱりめんどくさい！と、やんなっちゃった人は、だしパックや粉末だしで作れる即席だしを利用してくださいな。

作り方

1 卵を溶き、Ⓐを加えて混ぜる。

2 卵焼き器に米油小さじ1程度を広げ、中火にかける。卵液を1滴落として、ジュッと音がして固まったら合図。卵液の4分の1程度を卵焼き器に流し入れる。気泡を潰しながら、半熟の状態で巻いていく。最初はぐにゃっとしてても気にしない。

3 巻き終わった卵を端に寄せ、米油を足し、巻いた卵を滑らせて油を広げる。残りの卵液を入れ、半熟になったら巻く、というのを3〜4回繰り返す。焼いた後きれいに整えればいっか〜、というおおらかな気持ちで、勢いよくガシガシ巻く。

4 全量焼き終えたら火を止め、広げたキッチンペーパーの上に置いて、きつく包んで形を整える。そのまま5分ほど休ませて固定させる。

まずは中火で卵をフワッと膨らませるのが大事。でも巻く時は焦らず弱火にしてもOK。

だし巻き卵は母の思い出の料理。だしがじゅわじゅわ溢れるだし巻き卵を、それはそれは上手に作る母でした。何度か挑戦したけど全然上手くいかなくて、しかも、子どもたちのお弁当用に卵焼きを作る夫の方が上手になっちゃって。悔しくて諦めてました。でも、母が亡くなってから、わたしが作れるようにならなきゃ思い出の味が消えちゃうと思って、練習再開。巻いて巻いて巻きまくりました。でもどうも母の味には敵わないような気がして、やっぱり悔しさの残るだし巻き卵です。

魚肉照り焼き

ASKA'S COMMENT

我が家には魚嫌いと肉嫌いの両方がいます。だからいつも、肉も魚も両方スタンバイ。今日は食べてくれるかもしれない、という望みは捨てたくないので、最初から両方出すことはしません。頑張ったけど食べられない、となってから急いで焼きます。まったくの二度手間だ……と、心が折れてしまった時に思いついたのが、この方法。魚も肉も一斉に照り焼きにしてしまえ！というわけです。

材料

めかじき…2切れ

塩…少々

鶏もも肉…1枚（250g）

Ⓐ┌ 砂糖…少々
　│ 塩…少々
　└ 水…大さじ1

米油…小さじ2＋小さじ2

Ⓑ┌ 醤油…大さじ2
　│ 酒…大さじ2
　│ みりん…大さじ2
　└ 砂糖…大さじ1

長芋…150g

下ごしらえ

◆ 長芋は皮ごとよく洗い、1cm幅の半月切りにする。

作り方

1 めかじきはキッチンペーパーの上に並べて両面に塩をふり、5分おく。

2 鶏肉はフォークでぶすぶす穴をあけ、ボウルに入れてⒶを順番にもみ込む。肉が水を吸ったら、表面の水気を拭き取る。

3 フライパンに米油を広げ、皮を下にして鶏肉を入れ、中火にかける。ジューっと音がしてきたら、ヘラでぐいぐい押しつける。皮がこんがり焼けて硬くなったらひっくり返し、かるく色づくまで裏面も焼いたら、皿に鶏を"とり"出す。ダジャレでも言ってリラックス。

4 フライパンに米油を足して再び中火にかけ、水気を拭き取っためかじきを両面こんがりと焼いて、皿に取り出す。

5 フライパンに残った油をさっと拭いて、鶏肉を戻して中火にかけ、Ⓑを加える。たれがぐつぐつしたら鶏肉によく絡め、切り分けてから皿に盛りつける。

6 続いてめかじきを投入。たれを絡めながら加熱し、皿に取り出す。肉も魚も一緒に味付けしちゃえばいいじゃん、と思うけど、そうするとお互いの風味が混沌として美味しくない。フライパンと皿の行ったり来たりが多くて面倒だけど好き嫌いに立ち向かう大事なポイント。

7 強火にして長芋を加え、最後の汁を絡ませるように炒めて盛り付ける。

まずはしっかり水分を入れて、砂糖で保湿。ジューシーさが全然違う。お肌と一緒です。

タンパク質対策五目豆

材料

蒸し大豆 もしくは茹で大豆
　　…200g
（パウチや缶詰で売っている、そのままでも食べられるものを使います。）

にんじん…⅓本

ごぼう…15cm

れんこん…50g

干し椎茸…2枚

（手でちぎるので、ペラペラ推奨。）

Ⓐ　水…200㎖
　　鰹節…1パック（5g）
　　塩昆布…大さじ1
　　みりん…大さじ1
　　醤油…小さじ2
　　砂糖…小さじ2

下ごしらえ

◆ にんじん、ごぼう、れんこんは、皮ごとよく洗って、サイコロ状に切る。かっこよく言うと、さいの目切りというやつ。

◆ 鰹節は袋ごともみもみして細かくする。

作り方

1 鍋にⒶを入れて中火にかけ、干し椎茸を細かくちぎりながら加える。干し椎茸は煮ながら戻すことにして、手間と時間を省きます。

2 にんじん、ごぼう、れんこんを加え、落とし蓋をして煮る。

3 にんじんがやわらかくなったら大豆を加え、大豆が温まったら火を止める。すぐにでも食べられますが、冷ますとより味がしみてもっと美味しくなります。

ASKA'S COMMENT

魚嫌いの子も肉嫌いの子も、別にそのままでいいんです。言葉で説明できないこだわりや、味に敏感な時期だからこそ大人以上に感じ取っている味や香りもあるのでしょう。いつか美味しさにも気付けると良いけど、無理やり食べさせたくはありません。ただ、大事な体づくりの真っ只中だから、タンパク質不足はとても気になります。そこで、頼りにしているのがお豆。あーよかった、今日はお豆食べてくれたから大丈夫だ、と、心に平安をもたらしてくれるお豆様です。

秘技、鰹節もみもみ。これでだしをとる手間も省け、具と煮汁の絡みも良くなる。

ASKA'S COMMENT

レミさんに初めて食べてもらった料理が、筑前煮。

まだまだ料理に自信がなかったこともあり、「も

しお口に合わなくても、母の味なので、母に文句

言ってください」と言い逃れしながら出しました。

実家で食べていた頃は「いつもの煮物」という認

識しかなく、料理するようになって初めて「筑前

煮」という名前がついていたことを知り、さらに、

大根を入れるのは珍しいんだということを知りま

した。レミさんがそこを面白がってくれたのが嬉

しかったな。母の味に助けられて今があります。

材料

鶏もも肉…1枚（250g）
Ⓐ⎡ 砂糖…小さじ1
　⎣ 水…大さじ1
にんじん…1本
れんこん…200g
ごぼう…20cm
大根…10cm（300g）
米油…大さじ1
Ⓑ⎡ 水…400ml
　｜ 鰹節…1パック（5g）
　｜ 砂糖…大さじ1
　⎣ 酒…大さじ2
醤油…大さじ1＋大さじ1

下ごしらえ

◆ 鶏肉は大きめの一口大に切り、Ⓐをもみ込む。砂糖も水も、肉をしっとりやわらかくするために加えます。肉は加熱すると水分が抜けていってしまうので、あらかじめ補ってあげる、というわけ。

◆ にんじん、れんこんは乱切り。ごぼうは太ければ縦半分に切って、5cmに切る。大根は厚さ2cmのいちょう切り。すごく余裕がある時は、ピーラーを使って角を削る（＝面取り）と、完成度がグンとあがります。

◆ Ⓑの鰹節は、袋ごともみもみして細かくする。

作り方

1 鍋に米油を中火で熱し、鶏肉を炒める。表面が白くなったら皿に取り出す。

2 同じ鍋に野菜を入れ、**大根が少し透き通るまで炒める。**

3 鶏肉を戻し、Ⓑを加える。沸いたらアクをとり、醤油大さじ1を加えて10分煮る。

4 最後にもう一度醤油大さじ1を加えて馴染ませ、火を止める。だしと一緒にしみ込んだ醤油のコクと入れたてのフレッシュな醤油の香り、2段階で味わいます。

鶏肉のうま味がしみ出た油で野菜の緊張をほぐしてから煮込む。ころころ野菜かわいい。

これ「筑前煮」っていうのね

なぜリベンジなのかというと、本当は前作の『10年かかって地味ごはん。』に載せたかったから。ギリギリまで迷いましたが、まだレシピ化できるほど極められてはいないと、取り下げてもらったのでした。って、こんなこと書いたら、さぞかし自信のあるレシピができたんだろうなとハードルを上げてしまう気もしますが、きっと誰でも上手くいくレシピになったと思ってます。すごくシンプルにしておいたので、ここから具を足して、たまには「派手ごはん」も楽しんでね。

26

材料

米…2合

あさり…350〜400g

にんにく…1片

玉ねぎ…½個

パプリカ…1個

鶏もも肉…1枚（250g）

砂糖…小さじ½

酒…大さじ1

オリーブオイル…大さじ3

ホールトマト缶…½缶（200g）

塩…ひとつまみ＋小さじ½

水…300㎖

サフラン
　　…入れるとしたら、ひとつまみ

イタリアンパセリ…適量

レモン…1個

下ごしらえ

◆ あさりを砂抜きする。バットに水500㎖と大さじ1の塩（各分量外）を入れて溶かし、殻をこすり洗いしたあさりを入れる。暗くしてあげると安心してよく砂を吐くので、アルミホイルや新聞紙などをかぶせておきます。最低でも30分、できれば1時間おく。

◆ にんにく、玉ねぎ、パプリカはみじん切り。鶏肉は一口大に切り、砂糖と酒をもみ込む。

◆ サフランを使う場合は、水にサフランを加えておく。高い割にあんまり使うもんじゃないので、無理やり買わなくても良いと思います。でも、ほんのちょっと入れるだけで、これぞパエリア！って香りに仕上げてくれるんだよなぁ。

作り方

1 フライパンにオリーブオイルを熱し、にんにく、玉ねぎ、パプリカを入れ、塩をひとつまみふって炒める。油と馴染んでネッチョリするまで、弱火でじっくり。

2 鶏肉を加えて中火にして、鶏肉の色が変わったら米を加える。米が透明になってくるまで炒める。

3 ホールトマト缶と塩小さじ½を加え、トマトをヘラで潰す。

4 水を加え、沸いたらあさりをのせ、蓋をして弱火で20分炊く。

5 蓋を開けて様子を見る。端っこの米を少し食べてみて、硬さをチェック。まだ超硬い、でも水分は飛んでいる、という時は、水を足してさらに加熱。硬さはいい感じだけど水分が残っている場合は、蓋を開けて、パチパチという音がするまで中火で加熱。米の硬さはOK、水分も飛んだ、という状態になったら、蓋をして15分蒸らす。

6 蒸らし終わったらイタリアンパセリをちぎって散らし、レモンを搾って食べる。

蒸らす前のお米の状態はこれが目安。食べてみるとわりと硬め。蒸らしでふっくらします。

リベンジパエリア

牛しぐれ煮 all the single ladies

ASKA'S COMMENT

作り置きが苦手なわたしですが、この牛しぐれ煮と〝ぶりかけ〟※だけは、よく作り置きしています。わたしの女神さまであるBeyoncéの「Single Ladies（Put A Ring On It）」という曲にある「all the single ladies」という歌詞が、子どもたちには「ぎゅ〜うしぐれに」と歌っているように聞こえるようで、ますますお気に入りに。なんとこの料理、番組で黒柳徹子さんに召し上がっていただいたこともあります。Beyoncéと黒柳徹子さん、ふたりの華々しさとはかけ離れた牛しぐれ煮の地味さがたまりません。

※ぶりの照り焼きを、あえて崩して作ってふりかけ感覚で食べる和田家の定番の一品。『10年かかって地味ごはん。』で紹介。

材料

牛薄切り肉…400g

ごぼう…15cm

米油…大さじ1

酒…大さじ3

Ⓐ ┌ 砂糖…小さじ2
　├ みりん…大さじ3
　└ 醤油…大さじ3

しょうが…1片

下ごしらえ

◆ 鍋にたっぷりお湯を沸かす。

◆ ごぼうは斜め薄切り。しょうがはよく洗って皮のまま細切り。

作り方

1 鍋のお湯が沸いたら、火を止めて30秒数える。温度が下がったところで、牛肉を入れてしゃぶしゃぶし、ザルにあげる。ザルの中でキッチンバサミで細かく切る。

2 鍋に米油を入れて中火にかけ、ごぼうを炒める。

3 酒を加え、湯気をくんくんしてアルコールの香りが飛んだらⒶを加える。

4 砂糖が溶けたら牛肉としょうがを加え、煮汁がなくなって、**牛から脂が出てくるまでじっくり煮詰める。**

まな板が茹で汁でびしゃびしゃになるのでザル中で。気にならなければまな板と包丁でも。

お留守番のボロネーゼ

材料

豚角切り肉カレー用…200g

牛角切り肉シチュー用…200g
（「カレー用」「シチュー用」は、フープロや包丁で細かくしやすい、ほどほどの塊肉、ということです。）

にんにく…1片

玉ねぎ…1個

にんじん…½本

セロリ（茎も葉っぱも使う。）…1本

塩…少々

オリーブオイル…大さじ2

赤でも白でもとにかくワイン
　　…50㎖（なければ料理酒でも。）

Ⓐ ┌ ホールトマト缶…1缶
　　　水…トマト缶の⅓ぐらい
　　　コンソメ（顆粒）…小さじ2
　　　塩…小さじ½
　　　砂糖…大さじ1
　　　└ ローリエ…1枚

ショートパスタ（フジッリ）
　　…食べる分だけ茹でる

作り方

1 鍋にオリーブオイルを入れる。

2 フードプロセッサーで、にんにくと玉ねぎを細かくし、鍋に入れて塩をふる。中火にかける。

3 続いてにんじん、セロリも細かくして、鍋に加える。

4 肉もフープロでミンチに。粗めに残すとゴージャスな雰囲気が出ます。フープロがなければ、野菜は包丁で細かく、肉はひき肉を買ってきてもOK。

5 野菜がネッチョリしたら肉を加え、あんまり混ぜないように炒める。混ぜちゃうと焦げ目がつきません。焦げ目の香ばしさが出ないと美味くならないよ、と、大好きな落合務シェフも言ってました。

6 ワインを加えて強火にして、アルコールの香りを飛ばす。鍋底についた焦げをワインで落とすように、ヘラでごしごし。

7 ワインの水分がなくなったらⒶを加え、20分以上煮込む。

触らず我慢でこの焦げ目。チリチリという音と香ばしさ、耳と鼻もフル稼働で見守って。

ASKA'S COMMENT

夜、仕事や会食で出かける時は、いつもボロネーゼを作ってから行きます。ボロネーゼを作っていると、子どもたちが「ママ、今日夜いないの?」と聞いてくるほど。留守番してくれる人にはパスタを茹でてもらわないといけないのですが、これなら子どもたちも絶対よろこんでくれるので、食べさせるのが楽かなと思ってそうしています。夜遅く帰って、残ったボロネーゼをつまむのも楽しみのひとつ。味が馴染んで作りたてよりもずっと美味しいなって、思っているのは内緒です。

餃子には HipHop

材料

豚バラ薄切り肉…400g

塩…少々＋小さじ½

Ⓐ 水…大さじ3
　　鶏がらスープの素…小さじ2
　　醤油…小さじ1
　　オイスターソース…小さじ1
　　にんにく…1片
　　しょうが…1片

キャベツ…½玉

長ねぎ…½本

にら…1束

生キクラゲ…4枚

餃子の皮…60枚

米油…適量

水…100㎖程度

ごま油…適量

下ごしらえ

◆ 豚バラ肉はフードプロセッサーで
ミンチ状に。フープロがなけれ
ば包丁で叩く。もしくはひき肉を
使う。

◆ Ⓐのにんにくとしょうがはすりお
ろす。

作り方

1　ミンチ状にした豚肉をボウルに入れ、塩少々
をふり、粘りが出るまでこねる。まずは肉と塩だけ
でこねるのが、肉汁を閉じ込めるためのポイント。

2　Ⓐを加えてもみ込み、ラップをして冷蔵庫で
休ませる。

3　その間に野菜の下ごしらえ。キャベツ、長ね
ぎを粗みじん切りにしてひとつのザルに入れ、塩
小さじ½をまぶしてもむ。

4　にらは小口切り、キクラゲは粗みじん切り。

5　キャベツと長ねぎがしんなりしたら、手で
ぎゅっと絞って肉のボウルに入れる。にらとキク
ラゲも合わせてこねる。

6　餃子の皮で包む。気持ちを無にして、せっせ
と頑張りましょう。

7　フライパンに米油を広げ、餃子を並べてから
中火にかける。いくつか餃子をつまんで裏をチェッ
クして、焼き色がついたら水を入れ、蓋をして5
分程度焼く。餃子とフライパンがくっつかないよ
うに、ときどきフライパンをゆする。

8　蓋を外し、完全に水分を蒸発させてからごま
油をひと回しかける。フライパンをゆすりながら、
パチパチッという音がするまで焼く。

9　フライパンよりひと回り小さいお皿を選んで、
餃子の上にすっぽりかぶせ、せーの！でひっくり
返す。熱々の油がこぼれてくるかもしれないので
気をつけて！　怖かったら無理せず、フライ返し
で少しずつ移しましょう。ちなみにわたしが好き
な餃子の食べ方は酢＋黒こしょうです。

たくさん包んで冷
凍保存。このちょ
こちょこ餃子が意
外と使える。スー
プや鍋の具にも。

どうしてもあんが
多くなって破れが
ち。少なめに少
なめに、と言い聞
かせて包んでます。

むかしむかし、せっせと包んだ餃子を焼く時に失敗して、その日のおかずが何もなくなり、泣いて夫に電話をかけたことがあります。餃子が焼きあがってからフライパンを逆さに返してお皿に移すのも、むかしは怖くて夫にやってもらっていたけど、今ではひとりでできるようになりました。強くなったわたしをさらに強くしてくれるのが、HIP HOP。流れるようなラップを聴きながらだと、餃子が何個でも包めるような強い気持ちになります。お試しあれ。

Part

2

10年目の豚大根

豆腐とわかめと
三つ葉のお椀

Making dinner in 35 min.

01

炊飯器といっしょに！

35分で
晩ごはん

「ごはんが炊きあがるのと同時に、テーブル
に、メイン、副菜、汁物がズラララーっと揃
うと、最高に気持ち良いんですよね」。テレ
ビ番組の打ち合わせで言った一言から、炊飯
器と戦いながらおかずを作る、という企画が
始まりました。炊飯器がごはんを炊き終える
のが先か、わたしがおかずを作り終えるのが
先か。競う相手がいるのは張り合いがあって
楽しいし、効率よくごはんを作るトレーニン
グにもなります。勝ち負けはもはやどうでもよ
くて、炊飯器のことを一緒に走り抜けてゴー
ルテープを切る仲間ぐらいに思ってます。35
分でできようが、1時間かかろうが、とにかく
気持ちよく走り抜けることが一番重要。あな
たのペースを大切に！

→献立の組み立て方は P50を Check

まぐろに込める親心

ピーマン揚げ浸し

豚大根はレシピを見ずに作れるようになった最初のオリジナル料理、かもしれません。なかなか長い付き合いになってきました。最初の頃はもっと汁っぽくて、薄味の料理でした。子どもたちが大きくなって、食べる量が増えてきて、ごはんが進む甘辛の味付けに変わって、いつからかにんにくを効かせるようになって。きっとまた、少しずつ、変わっていくんだろうな。家族の歴史と共にあり、です。

10年目の豚大根

材料

豚バラ薄切り肉…300g
大根…10〜12cm（350g）
にんにく…1片
Ⓐ┌ 酒…大さじ2
　│ みりん…大さじ2
　│ 醤油…大さじ2
　└ 砂糖…大さじ1

合わせだし（献立全体で使う分）
だし昆布…10×10cm
鰹節…30g
水…1000㎖

下ごしらえ

◆ 大根は5mm幅の半月切りに。にんにくは縦半分に切る。豚肉は4cm程度に切る。

作り方

1 まずはだしをとる。鍋に、合わせだしの材料を全て入れて中火にかけ、沸いたら弱火にして5分ほどコトコト。火を止めて、ザルで昆布と鰹節をこしながら、ボウルに移す。だしがらを菜箸でぎゅうっと潰すと、大さじ2ぐらい追加でとれます。わたしは絶対やっちゃう。

2 フライパンに豚肉とにんにくを入れ、中火にかける。豚肉から脂が出てきたら大根を加える。大根をじっと焼きつけるように、あまり触らず炒める。

3 大根に焼き色がついたら、だし150㎖とⒶを加え、10分ぐらい煮る。大根がやわらかくなったら火を止める。いったん冷ますとしみしみになって美味しい。

これはあくまで理想の具。味噌汁やお吸い物のためにわざわざ食材を買う、ということはあまりなく、いつも野菜の端っこや乾物で間に合わせています。1本だけ残ったちくわとか、1個だけ残っていた卵とか、長ねぎの青いところ、かぶの葉っぱ、しなしなの白菜なんかがいつものメンバー。「明日の汁物のために、今日の冷奴のお豆腐、ちょっとだけ残しておくか」なんてことができるようになったら、あなたはもう汁物マスター。

豆腐とわかめと三つ葉のお椀

材料

絹豆腐…150g
乾燥わかめ…大さじ1
三つ葉…½束
合わせだし…600〜650㎖（豚大根、
　揚げ浸しで使って残った分全部）
Ⓐ┌ 醤油…小さじ2
　│ みりん…大さじ1
　└ 塩…少々

下ごしらえ

◆ 絹豆腐はかるく水切りしてサイコロ状に切る。先に水平方向に切っておくと崩れにくいです。三つ葉はざく切り。

作り方

1 だしに豆腐と乾燥わかめ、Ⓐを加えて煮立たせる。

2 わかめがひらひらに戻ったら火を止めて、三つ葉を加える。

ピーマンと油ってとても相性が良いし、油とだしも相性が良いとこっそり思っています。揚げ物が浸って若干油っぽくなっただし、だしとして美しくはないのかもしれないけど、たまりません。野菜の揚げ浸しを作ると、たいがい家族の誰かが「この汁、飲んでいい?」って聞いてきます。しょっぱいからやめときな、と言うけど、気持ちはよーくわかる。

材料

ピーマン…5個

揚げ油…適量

Ⓐ ┌ 合わせだし…100㎖
　│ 醤油…大さじ2
　│ みりん…大さじ2
　│ しょうが…½片
　└ 塩…小さじ¼

鰹節…適量

下ごしらえ

◆ ピーマンはヘタとタネをとって縦に切る。肉厚なら縦4等分、薄ければ縦半分で。

◆ しょうがはすりおろし、ボウルにⒶを合わせる。

作り方

1 鍋の底から5㎜程度まで油を注ぎ、中火にかける。

2 ピーマンの先を油に入れて温度チェック。シュワシュワ泡が出てくるようになったらピーマンを投入。鍋を傾けて油に深さを作り、もぐらせるような感じで30秒ほど加熱。3～4回に分けてやった方が、油の温度が下がらなくて良いと思います。

3 網にあげて油をきり、Ⓐに入れる。ピーマンとだしが馴染んでしんなりなったら、器に盛り付け、鰹節をトッピング。

ピーマン揚げ浸し

長女が学校でテストがあるとか、合宿から帰ってくるとか、運動会とか発表会とか、そんな日は勇んでまぐろを仕入れに行きます。彼女の大好物だからです。朝浮かない顔してたなぁ、とか、なんにもないけどなんか気になる日も、さりげなくまぐろ。だんだん、ハグとか手を繋ぐとか、思うようにはできなくなってきたから、まぐろに思いを込めているのかも。これがレミさんの言う、スキンシップよりベロシップ、ってことなのかなぁ。

材料

まぐろの切り落とし…180g
(サクで買ってきて細かく切ってもOK。)

めんつゆ(4倍濃縮)…大さじ1

納豆(小粒)…2パック

小ねぎ…2本

焼き海苔…友情出演

下ごしらえ

◆ 小ねぎは2㎝に切る。

作り方

1 まぐろをボウルに入れ、めんつゆを加えて混ぜ、下味をつける。

2 パックである程度混ぜて粘りを出した納豆と、小ねぎを加え、混ぜる。海苔で巻いて食べても。

まぐろに込める親心

三つ葉もサラダに
なるんですね

アボカニの
コチュジャン和え

38

いろいろ食感の炒り煮
炒り煮とは

チョングッチャンって
言いたい

02

友人宅で、三つ葉が山盛りになったサラダをご馳走になりました。三つ葉って、あんまり団体で見かけないというか、料理の上にちょんとのっていたり、かき揚げにまばらに入っていたりと、ちょっとずつ使うイメージだったので、とても新鮮でした。葉も茎もやわらかくて、何より香りがいいし、生でわしゃわしゃ食べるのもいいじゃないと気付かせてもらって、我が家のサラダの定番になりました。

三つ葉をサラダになるんですね

材料

三つ葉…2わ
玉ねぎ…½個
Ⓐ┌ ポン酢…大さじ2
　│ めんつゆ（4倍濃縮）…大さじ2
　└ 米油…大さじ2
刻み海苔…たっぷり

作り方

1 三つ葉はざく切りにして、氷水をはったボウルに入れ、シャキッと冷やす。

2 玉ねぎは繊維にそって薄く切り（スライサーでもOK）、三つ葉とは別のボウルに入れる。水を入れて5〜10分浸し、辛みを抜く。サラダ玉ねぎや新玉ねぎがあれば、ぜひそちらで。

3 Ⓐを混ぜてドレッシングを作る。

4 三つ葉と玉ねぎ、それぞれしっかりと水気をきり、器に盛る。刻み海苔をたっぷりのせ、ドレッシングをかけて食べる。

韓国のスープ料理「チョングッチャン」。初めて食べた時、初めて食べたような気がしなくて、驚きました。味噌汁のバリエーションのひとつとして、キムチと納豆を具にすることがよくあるのですが、その味にすごく似ていたのです。厳密には全然違う料理だけど、それを知った日からは、わたしの納豆キムチ汁も「チョングッチャンだよ」と言って出しています。家族は「そうですか」と食べてくれています。

チョングッチャンって言いたい

材料

キムチ…80g
ひきわり納豆…2パック
（豆として味わいたければ、小粒や大粒の納豆を使ってください。）
ごま油…大さじ1.5
水…800㎖
煮干し…3匹
味噌…大さじ4
みりん…大さじ2
卵…1個

下ごしらえ

◆ 煮干しは、はらわたと頭を手でちぎって除き、材料の水に入れる。余裕があれば20分おく。

◆ 納豆はパックで混ぜてネバネバにする。

◆ 卵は溶く。

作り方

1 鍋にごま油とキムチを入れて中火にかける。

2 キムチが油と馴染んでしんなりしたら、煮干し水を加えて煮立たせ、弱火にして10分ほど煮る。煮干しはそのまま入れておいて大丈夫ですが、香りが気になる人は除いてください。

3 納豆、味噌、みりんを加え、味噌が溶けたら強火にする。ボコボコしている泡をめがけて卵を落とし、卵がふわふわ浮いて固まったら火を止める。卵が固まるまでは混ぜない。混ぜると卵が汁に溶けて、具としての存在感がなくなってしまいます。

ASKA'S COMMENT

炒り煮ってなんなんだよ、普通の煮物と何が違うんだよと、料理初心者の頃は思ったものです。食材に焼き色がつくまで辛抱強く焼きつけてから煮ることで、調味料では出せない香りや深い味が出せるとわかるまで、だいぶ時間がかかりました。美味しい焼き色は「メイラード反応」、苦くなるまで焦げると「炭化」、なんて難しいことはいったんおいときますかね。

いろいろ食感の炒り煮

炒り煮とは

材料

牛切り落とし肉…300g

砂糖…大さじ1

れんこん…130〜150g

こんにゃく…100g

ごま油…大さじ1

酒…大さじ2

砂糖…大さじ1

醤油…大さじ3

下ごしらえ

◆ れんこんは縦に切る。こんにゃくは、必要であればアク抜きをして、7mm程度の幅に切る。

◆ 牛肉に砂糖をまぶし、もみ込む。

作り方

1 フライパンにごま油を中火で熱し、こんにゃくを焼きつける。あまり触らないように、表面が茶色っぽくなるまで焼きつけると、食感がコリコリ面白くなります。

2 こんにゃくに焼き色がついたられんこんを加え、同じように焼きつける。れんこんは焦げ目がとても美味しい。焦げてるのに甘いってどういうこと？いつも不思議に思います。ただし黒焦げまでいくと体に良くないのでだめです。

3 牛肉を加え、色が変わったら酒と砂糖を加える。砂糖が溶けたら醤油を加え、調味料の水分が飛んで、照りが出てくるまで炒める。

ASKA'S COMMENT

日本のカニカマはアメリカやヨーロッパでも人気で、あちらのスーパーでは「surimi」という名前で売られているそう。我が家では、クリームチーズとカニカマの春巻きが大ヒットで、そこからカニカマブームに火がつき、副菜によく取り入れるようになりました。わたしはスーパーのカニカマの棚が大好きで、魚のすり身を蟹に近づけようと試行錯誤してきた人たちの情熱を感じて、いつも胸が熱くなります。変な人でしょうか。

アボカニの
コチュジャン和え

材料

カニかまぼこ…1パック（90g）

（最近、クオリティの高いカニカマがいろいろ出ていますが、わたしの推しは「ほぼカニ」。名前が良い。）

Ⓐ
マヨネーズ…大さじ2
コチュジャン…大さじ2
めんつゆ（4倍濃縮）…小さじ1
長ねぎ…15cm
大葉…5枚

アボカド…1個

下ごしらえ

◆ Ⓐの長ねぎはみじん切り。大葉は粗く刻んでトッピング用に少し取っておく。

作り方

1 ボウルでⒶを混ぜ、カニかまぼこをほぐしながら加える。

2 アボカドは半分に切り込みを入れてタネを除き、スプーンですくってボウルに加え、混ぜる。器に盛り、トッピング用の大葉を散らす。

ガリバタ醤油で
魚とエリンギ

Making dinner in 35 min.

03

海苔と長芋のどろどろ

しろしろサラダ

打開のルッコラ
油揚げのサラダ

── ASKA'S COMMENT

ガリバタ醤油の香りを嗅ぎながらだと、人は喧嘩ができなくなる説、誰か実証してくれないでしょうか。我が家ではこのガリバタ醤油の力を、魚嫌いの息子に魚を食べさせるために活用しています。この味付けなら食べざるを得ない、という気にさせる力があるようです。ペラペラのエリンギもいい仕事をしてくれていて、たれをまとってペタッと魚に貼り付き、ガリバタ味をより一層感じさせてくれます。

ガリバタ醤油で魚とエリンギ

材料

生鮭…4切れ
（めかじき、さわら、生たらでも。）
塩…小さじ½
米油…大さじ1
にんにく…2片
エリンギ…2本
Ⓐ［バター…15g
　　醤油…大さじ1
　　みりん…大さじ1

下ごしらえ

◆ 生鮭の両面に塩をふる。

◆ にんにくは薄切り。エリンギは縦に5mm幅に切る。

◆ Ⓐを合わせる。

作り方

1 フライパンに、米油とにんにくを入れて中火にかけ、にんにくが色づいてきたら、火を止める。にんにくを拾って器にキープ。

2 フライパンを再度中火にかけ、鮭を並べる。片面ずつじっくりと焼く。

3 両面に焼き色がついたら、キッチンペーパーでフライパンの油をかるくぬぐい、空いているところにエリンギを加える。鮭の身を崩さないように気を使いながら、エリンギをできる範囲で炒める。コソコソっとで大丈夫。

4 エリンギがしっとりしたら強火にして、Ⓐと、キープしておいたにんにくを加える。フライパンをゆすって、たれを全体に絡ませる。

── ASKA'S COMMENT

栃尾の油揚げに、玉ねぎのドレッシング、この組み合わせは飽きるほど作っていて、実際飽きていました。美味しいんだけど、なんか違う味にしたいなと思って、別の副菜用に切ってあったルッコラを試しに入れてみたら、これだ！と。ルッコラのいい意味での破壊力もすごいし、そんなルッコラを受け止める油揚げと玉ねぎの安定感もすごい。何度も作ったからこそ挑戦できた、思いがけない組み合わせです。

打開のルッコラ油揚げのサラダ

材料

栃尾の油揚げ…1枚
（なければ厚揚げでも。）
玉ねぎ…½個
Ⓐ［ポン酢…大さじ3
　　醤油…大さじ1
　　米油…大さじ3
ルッコラ…2〜3本

作り方

1 油揚げはトースターで10分ほど焼いて、カリカリにする。

2 焼いている間にドレッシングを作る。玉ねぎは繊維にそって薄く切り（スライサーでもOK）、水にさらす。5分ほどおいて1切れかじってみて、辛みが抜けたかチェック。辛くなければ手で水気を絞り、ボウルに入れてⒶを加えて混ぜる。

3 焼きあがった油揚げを一口大に切り、ボウルに加える。ルッコラもちぎって加えて混ぜる。

かぶとモッツァレラチーズ、いかに見分けをつかなくするかが、このサラダのポイントです。見分けがつかなくて面白い、というのが最大の魅力。実は、かぶとチーズの食感のコントラストが美味しかったり、シンプルな味付けで食材の味を引き立てていたりするのに、そういう魅力は後回しにされる料理です。でもいいんです。面白がってもらってナンボの料理です。

材料

かぶ…2個
塩…ひとつまみ＋ふたつまみ
モッツァレラチーズ…100g
オリーブオイル…大さじ1
黒こしょう…少々

下ごしらえ

◆ かぶは皮ごと1.5cm角に切ってザルに入れ、塩をひとつまみふって、かるくもんでなじませる。

◆ モッツァレラチーズは水気を拭き取ってかぶにな〜れと念じながら1.5cm角に切る。

作り方

1 キッチンペーパーでかぶをぎゅっぎゅっと握り、水気を吸収して、ボウルに入れる。

2 モッツァレラチーズ、塩ふたつまみ、オリーブオイルを加えてざっくりと混ぜる。冷蔵庫で食べる直前まで冷やす。

3 器に盛り、黒こしょうをふる。

しろしろサラダ

これは見た目があんまり美味しそうじゃなくてね。すごく美味しいんですけどね。ああ、体にいいものを体に入れたなぁと、食べているそばから実感できるような料理で。長芋はすりおろすんじゃなく叩いて食感を残しても美味しいし、梅を入れるのもおすすめです。汁物だけど、不思議とお酒にも合うんですよね。

材料

水…800㎖
鰹節…2パック（10g）
長芋…250g
焼き海苔…全形1枚
醤油…大さじ2
わさび…お好みで

下ごしらえ

◆ 鰹節は袋ごともみもみして細かくする。

◆ 長芋は皮を剥く。手が痒くなりませんように。お酢をつけてから長芋に触ると痒くなるのを防げると聞いたことがありますが、手が酸っぱい匂いになるのとどっちをとるかですね。

作り方

1 鍋に、水と鰹節を入れて中火にかけ、煮立ったら長芋をすりおろしながら加える。おろしきれなかった塊も鍋に入れちゃう。

2 再度沸いたら、吹きこぼれないように火加減に注意しながら、海苔を箸で持って汁の中に入れ、**ふりふりして溶かす。**

3 醤油を加えて味付け。器に盛り、お好みでわさびを混ぜて食べる。

海苔と長芋のどろどろ

さっさと焼きそば

Making dinner in 35 min.

04

タコさし ごま油ジュ

もずくとミニトマトの
すぐでき汁

ASKA'S COMMENT

基本的には、炊飯器でごはんを炊いてその間におかずを作る、という毎日なのですが、ごはんを炊いている時間もないわ！という日もありますな。頭パンパンでおかずのことを考えられない日も。夫は外で食べてくるからなんとなくやる気が出ない日も。そんな日は何も考えずにさっさと焼きそばです。フライパンに食材を重ねて、蓋をして火にかけておくだけ。あまりに楽なので、その間に汁物でも作るか、って気になれます。

さっさと焼きそば

材料

豚バラ肉…150g

酒…大さじ1

醤油…大さじ1

小松菜…1束

もやし…1袋（200g）

蒸し中華麺…3玉

Ⓐ┌ オイスターソース…大さじ2
　│ カレー粉…小さじ½
　│ 塩…少々
　└ にんにく…1片

青のり…適量

下ごしらえ

◆ 豚バラ肉は一口大に切り、酒と醤油をもみ込む。めんどくさければ、フライパンに豚肉を並べて、酒と醤油をかけるだけでもOK。

◆ 小松菜は根を切り落とし、茎は5㎝、葉は3㎝に切る。中華麺はキッチンバサミで袋ごと半分に切る。麺の長さが短い方が混ぜやすいし、具と絡みやすい。

◆ にんにくはすりおろして、**Ⓐ**を混ぜる。

作り方

1 フライパンに、下味をつけた豚バラ、中華麺、小松菜の茎、小松菜の葉、もやしの順に重ね、中火にかける。

2 **Ⓐ**を鍋肌から回しかけ、蓋をして中火で3分。弱火にして2分加熱。途中で混ぜなくて大丈夫なの？って心配になるかもしれませんが、途中で混ぜない方が、おこげがちゃんとできるのです。ただし鼻はきかせておいて、焦げくさいなと思ったら蓋を開けて混ぜましょう。

3 よく混ぜて味を馴染ませ、皿に盛る。青のりをたっぷりふる。

焼きそばドーンだけでいいんです。いいんですが、汁物って、どんなに簡単なものでもあるのとない
のとじゃ食卓とお腹の充実度が全然違う。ただのお湯でもいいからあった方がいい。それは言い過ぎ
か。でもとにかく、あったかい汁でお腹をあっためる、ということはとても大事だと思ってます。余裕
のない時こそ、特にそう。

もずくとミニトマトのすぐでき汁

材料

Ⓐ ┌ 水…800㎖
　│ ミニトマト…10個
　│ 鶏がらスープの素…大さじ1
　└ 醤油…小さじ2
もずく（生食用）…100g
ごま油…小さじ1
しょうが…1片
長ねぎ…5㎝

下ごしらえ

◆ ミニトマトは半分に切る。小さけれ
　ば丸ごと入れても。しょうがは皮の
　まま細切り。長ねぎは小口切り。

作り方

1 鍋にⒶを入れて中火にかける。

2 沸いたらもずくを加え、ひと煮立ちしたらごま
油、しょうが、長ねぎを加えて火を止める。

焼きそばと、汁物ができたら、あとは自分のつまみかな、ということで、買ってきたお刺身でできる
簡単な一皿を。白身魚やホタテの刺身で作っても美味しいですが、やっぱりおすすめはタコ。瀬戸
内海でタコ漁をされているタコのプロのみなさんにも食べてもらった、お気に入りの一品です。

タコさしごま油ジュ

材料

タコの刺身…120g
（生のタコがなければ、茹でだこや蒸しだこ
でも。）
塩…ひとつまみ
長ねぎ…1本
ごま油…大さじ2
ポン酢…大さじ1
粉山椒…お好みで

作り方

1 タコは、薄くスライスして皿に並べ、塩をふっ
て指でトントンなじませる。

2 長ねぎに包丁で切り込みを入れ、芯を抜く（抜
いた芯は汁物に使う）。芯の周りの白い部分を6
㎝の長さに切り、繊維にそって細く切って白髪ね
ぎを作る。タコの上にのせる。

3 小鍋にごま油を入れて中火にかけ、煙が出る
まで熱したら、ねぎをめがけてジュッとかける。

4 ポン酢と、お好みで粉山椒をかける。

わたしの献立の考え方

「献立の組み立て方がわかりません」という声の多いことといったら！ いつかどこかで教わった"栄養バランス"だとか"一汁三菜"とかを、ちゃんと気にされてる証拠ですよね。日本って食育が行き届いているんだなぁと他人事のように感心する一方、どうしたら栄養バランスの良い一汁三菜が組み立てられるかまでは教えてくれないのかな、と恨めしくもあります。いや、教わったのかもしれない。でもわたしは覚えてない。ただ、土井善晴先生の『一汁一菜でよいという提案』を心の頼りにさせてもらっているおかげか、献立のことはわりと気楽に考えてこられました。土井先生、本当にどうもありがとう。

基本的には、好きなものを好きなように組み合わせて食べたらいいじゃん、と思うんです。いろいろ考えて苦しむより、食べたいものが並んでいる方が幸せだもの。でもそれじゃあ、献立に悩むみなさんの解決にはならないので、一緒に考えてみたいと思います。

晩ごはんのことを考え始める

15:00

○○が食べたいな

体内時計ってアラームまでついてんのか、と思うぐらい、**15時頃になると「晩ごはん何しよ」と考え始めます。**昨日は何を食べたか、子どもたちのお弁当のおかずはなんだったか、季節とか気温とか、ざっと思い巡らせて、一番大事に

考えるのは「**わたしが食べたいものは何か**」ということ。食べたいと思えるものじゃないと楽しく作れないし、嫌々作ったものってあんまり美味しくなりません。この時点では、一品決めておくぐらい。まだまだ献立は決まりません。

スーパーで細かく決めていく

17:00

食べたいものを思い浮かべて、スーパーへ。**まずは野菜売り場をうろうろして野菜を選びます。**旬のものを中心に、根菜も葉野菜も満遍なく、使うかどうかわからなくても薬味になるものは入れる、ということを意識して選びます。このときに、メイ

ンにはこの野菜、副菜にはこの野菜、これは汁物に、と、ざっくりとした献立が決まります。続いて、肉や魚を選び、豆や卵など脇役をどうするか考えて、おかずのイメージが具体的になっていきます。

／食材を見て考える

料理を始める前に頭の準備体操

18:00

どの作業に時間がかかるかな

家に帰って、スーパーで買った食材を**おかずごとに分けて並べます。**お弁当箱を洗ったり、朝使った食器を片付けたりしながら、並べた食材をチラチラ見て、具体的なイメージを膨らませます。メインはガッツリ系になりそう、それなら副菜はさっぱりと、野菜は汁物でたくさんとろう、といった感じで決

めていきます。先にやった方がいい作業（お湯を沸かす、肉や魚に下味をつける、豆腐の水切りなど）、時間がかかる作業（芋を茹でる、煮込む、餃子を包むなど）、まとめてできる作業（煮物と汁物用にだしをとる、野菜のみじん切り、下茹でなど）を考え、見通しを立てます。

仕上げで最終調整

19:00

＼大葉をのせたり…

／ごまをふったりなど

料理が仕上がってきて、最後に考えるのが、**おかずの食べ合わせ**のこと。それぞれ食べても美味しいけど、取り皿で隣り合わせになったおかずの味が混ざっても美味しくあってほしい。どうやって味をリンクさせるか？どうすればおかず同士

味を引き立てあえるか？そういうことも考えて仕上げています。そこで活躍するのが、薬味や、ハーブ、海苔やごま、オイルといった、**香りのある食材**。相性の良い香りをちょっとずつ足すことで、食べ合わせがグッと良くなります。

おかずはこうやって決めています

基本ルールは (メイン) ＋ (冷たい副菜) ＋ (あたたかい副菜) ＋ (汁物)

01
point

まとめてとっただしを分けて活用

メイン：10年目の豚大根
🧊 副菜：まぐろに込める親心
♨ 副菜：ピーマン揚げ浸し
汁物：豆腐とわかめと三つ葉のお椀

メイン：豚大根の煮汁は、水＋調味料でもできるのですが、水をだしにするとさらに美味しくなります。ただ、豚大根のためだけにだしをとるのはちょっとなぁ、と思ってしまうので、副菜や汁物にもだしを活かす、ということにして、めんどくささを吹き飛ばします。

↓

♨ 副菜：だしを活かす副菜となると、揚げ浸しやおひたしかな、ということで、ピーマンを揚げ浸しに。なすでもきのこでも良いのですが、豚大根がなかなかの茶色おかずなので、せめてもの緑を。

↓

汁物：豚大根が、にんにくの効いたしっかり味。ピーマンの揚げ浸しは、油でしっかりコクを感じる。そうなると汁物はサラサラっと飲みたいのでお吸い物に。

↓

🧊 副菜：メインと副菜と汁物でだしを使いきってしまうので、もう一品はだしを使わないおかずを。タンパク質をもう少しとりたいのと、冷たいおかずでメリハリをつけたいので、お刺身で何かできないかな？と考えます。

メイン：今日は牛肉かなぁ、という気分の日は、元気になりたいんだろうな、と自己分析して、ビールに合うおかずで「お疲れ自分」をします。

↓

🧊 副菜：メインがこってり甘辛味の牛肉なら、サラダは香りを効かせてさわやかに。牛肉でサラダを巻いて食べても美味しそうだなぁと想像しながら、ドレッシングの味を決めます。

↓

🧊 副菜：牛肉の料理と香り野菜のサラダ、これを結ぶヒントはなんとなく韓国料理にある気がする。もうひとつの副菜はコチュジャンだ！と、先に味が決まり、それに合う食材を考えます。

↓

汁物：ここまできたら、汁物にはキムチを入れてチゲ風にすることが確定。メインのおかずはちっとも韓国を意識してなくても、周りがちょっとずつ韓国風になることで、なんとなく全体が韓国テイストに。なんとなく、ね。

02
point

なんとな～く韓国テイスト

メイン：いろいろ食感の炒り煮 炒り煮とは
🧊 副菜：三つ葉もサラダになるんですね
🧊 副菜：アボカニのコチュジャン和え
汁物：チョングッチャンって言いたい

03
point

香りの共演

メイン：ガリバタ醤油で魚とエリンギ
🧊 副菜：しろしろサラダ
♨ 副菜：打開のルッコラ 油揚げのサラダ
汁物：海苔と長芋のどろどろ

メイン：家族の誰もが食いつくガリバタのいい香りをメインに。ごはんすすむだろうなぁ。てことは、副菜はごはんのおかずというより、それだけ食べて楽しむようなものが良さそう。

↓

♨ 副菜：肉ほどボリューム感の出ない魚メインなので、もう一品食べ応えのあるおかずが欲しいところ。そういう時にちょうど良いのが、厚揚げや油揚げ。ハーブのアクセントでガリバタに負けないひと工夫を。

↓

汁物：スポンジ状の油揚げを食べた後は、とろみのある汁物が欲しくなりそう。メインが魚ということは、磯の香りが相性良さそう。

↓

🧊 副菜：おかずの合間にさっぱり食べられる副菜をもう一品。かぶとチーズなら、クセがなくてどんなおかずにも合わせられる。

メイン：疲れた！時間がない！今日は一発ドーンと麺！という日に多いのが、焼きそば。

↓

🧊 副菜：麺料理は食べていて単調になりがちなので、お刺身を使った冷たい副菜で温度に変化を。お刺身なら、そのまま出すだけでも一皿にできる。余裕があれば、モリモリ薬味も合わせると、薬味だけ焼きそばの味変に使いまわせる。

↓

汁物：あるだけで充実度が増す汁物。具を放り込むだけの簡単スープなら、疲れた日にもなんとか作れそう。

04
point

麺料理を単調にしない

メイン：さっさと焼きそば
🧊 副菜：タコさし ごま油ジュ
汁物：もずくとミニトマトのすぐでき汁

これはあくまでも、わたしの場合、です。
スーパーでまとめ買いする人、1週間分の献立を
先に決めておく人、作り置きを活用する人、お惣菜を取り入れる人、
一汁一菜を貫く人、人によっていろんなやり方があることでしょう。
いろいろ試して、無理なく続けられるやり方を
見つけていってください！

Part
3

地味だけど しみじみ美味しい

今夜も主役は
名もなきおかず

　この章は、まだまだ紹介したいおかずはあるけど、どうカテゴリー分けするか迷いに迷って、結果、一気に並べちゃった、という章です。お目当ての料理が探しにくかったらごめんなさい。

　野菜だけのかるい副菜で始まり、しっかりめの副菜、メイン料理と続いて、後半は麺物や汁物で、締め。ごはんの時どういう順番でおかずを食べるか、ということを意識して並べました。「まずは野菜から」そして「野菜は肉の3倍食べる」という和田家の家訓も自然と反映されたので、レミさんの教えがしっかりと根付いていることを感じます。

　おかずをカテゴリーに分けるアイデアもあったんです。食材を季節ごとに分けて旬を感じてもらおうかなとか、「おもてなし」や「ひとりランチ」なんて具合にシーンごとに分けたら便利かなとか。「今日、何食べよう?」と思ってこの本を手に取る時のことを想像して、使い勝手が良い本になるにはどうすればいいか、結構考えました。でも、毎日のごはんって、わたしたちの気分って、そんな器用にカテゴリー分けできるもんじゃないよな、と思い至ったのです。旬やブームやイベントにのっかるのも楽しいけど、それよりも大事なのは自分の気分だよなって。「○○だからこの料理」と、一言じゃ説明できない状況にこそ、寄り添いたいなと思いました。パラパラめくって、ピンときたやつから、作ってみてくださいね。

ASKA'S COMMENT

冷蔵庫の居残り食材が、今まで組み合わせたことのないメンバーだった時。どうしよう、どうやって一品ひねり出そう?というこの瞬間、めちゃくちゃ燃えます。ある日はきゅうりとしめじとわかめでした。まさかちらが一緒に炒められる日が来るとは思わなかったよね〜、という御三方の声が聞こえてくるようですが、これが大成功。名プロデューサーにでもなった気分。

意外トリオ炒め

材料

きゅうり…1本

しめじ…½パック（50g）

塩蔵わかめ…戻す前は50g、戻して100g

にんにく…½片

しょうが…½片

ごま油…大さじ1.5

塩…少々

醤油…小さじ1

黒こしょう…お好みで

下ごしらえ

◆ きゅうりは縦半分に切り、小さめのスプーンでタネをくりぬいてから、斜めに薄切り。

◆ しめじは石づきを切り落とす。

◆ 塩蔵わかめは流水で洗って、たっぷりと水をはったボウルに3分ほど浸す。ザクザク切って、水気をよく絞る。生わかめが出回る春の初めには、ぜひ生わかめで!

◆ にんにく、しょうがはすりおろす。

作り方

1 フライパンに、ごま油、にんにく、しょうがを入れて中火にかける。

2 いい香りが立ったらわかめとしめじを加えて、わかめの水分を飛ばすように炒める。

3 きゅうりを加え、炒められてびっくりしてるだろうけどちゃんと美味しくするからね、と思いながらさらに炒める。

4 塩と醤油を加えて味を馴染ませ、盛り付ける。お好みで黒こしょうをかける。

ピーザン

材料

ピザチーズ…80g
ピーマン…3個
塩昆布…5g

下ごしらえ

◆ ピーマンは縦半分に開き、ヘタとタネを除いて、横向きに7mm幅に切る。

作り方

1 フライパン（直径20cmぐらいが作りやすい）にピザチーズを敷き詰め、ピーマン、塩昆布を重ねて中火にかける。

2 チーズが溶けて縁にこんがりと焼き色がついたら、火からおろす。

3 粗熱がとれるとチーズが固まって、フライパンをゆすると生地がスルスル滑るようになるので、それから皿に移す。チーズが固まる前に移そうとすると、全部ぐちゃぐちゃになっちゃいます。まあ、それでも食べられるけどね。

ASKA'S COMMENT

ピーマンとチーズでピザ、さあ、なんて料理名にする!?と、家族で大喜利。子どもたちもいろいろ考えてたけど、優勝は夫の「ピーザン」でした。ちなみにインスタグラムにアップしたら、フォロワーのみなさんからもいろんな回答が届いて面白かったなぁ。嫌われがちなピーマンがちょっぴり人気者になったみたいで、わたしは嬉しい。

にんじんしりしり　かわいいしりしり

材料

にんじん…1本
バター…10g
米油…小さじ2
塩…ふたつまみ
明太子…½腹（40g）
牛乳…大さじ1
醬油…小さじ1
小ねぎ…1本

下ごしらえ

◆ にんじんは細切り。スライサーでスライスしてから細切りにすると、細さがきれいに整う。あえて太さをランダムに切っていろんな食感にしても面白い。

◆ 小ねぎは小口切り。

作り方

1 フライパンにバターと米油を入れて中火にかける。バターだけだとこってりしすぎ、植物性油だけだとコクが足りない、というわけで合わせて使います。**お好みのバランスでOK。**

2 バターが溶けたらにんじんを加え、塩をふって混ぜる。油が馴染んだら蓋をして、4分蒸し焼き。

3 蒸し焼きしている間に、明太子を皮からこそいで小皿に入れ、牛乳と醬油を加えてのばす。

4 蓋を外し、のばした明太子を加えてにんじんに絡ませる。器に盛り付け、小ねぎをパラリ。

ASKA'S COMMENT

しりしりとは、すりおろす時の「すりすり」のこと。沖縄の方言だそうです。しりしり器、と呼ばれる穴のついたスライサーでにんじんをすりおろして作る料理だから、にんじんしりしり。かわいいよねぇ。うちの家族はあんまりにんじんが好きじゃないのですが（彩り用だと思ってる）、しりしりは人気メニュー。にんじんの炒め物、っていうと食べないかもしれない。しりしり、だからいいのかも。

材料

茎付きのかぶ…3個（300g）

塩…少々

ゆかり（赤じそふりかけ）…小さじ1

作り方

1 かぶ、春頃は皮までやわらかいので皮のまま、秋から冬頃は少し硬いので皮を剝いてと、季節によって使い分けてみてください。

2 茎を3〜4cm残して切り落とし、8等分のくし切りにして、水をはったボウルに浸す。**茎の根元に砂が詰まっていることが多いので、じゃぶじゃぶ洗う。**ここでかぶをちょっぴりかじってみて。もしピリッと辛ければ、塩少々と水少々をまぶして2〜3分レンチンして、温サラダにしちゃいましょう。

3 水気を拭き取ってボウルに入れ、塩とゆかりをまぶしてもみ、かぶがほんのりピンクに染まるまで5分ほどなじませる。

エグゼイドかぶ

ASKA'S COMMENT

かぶは息子が大好きなのでよく使うのですが、一番簡単にできるのがこの料理。作りながら、なんかに似てるな……と思い出したのが、これまた息子が大好きだった仮面ライダーエグゼイド。鮮やかなピンク色と、シャキーンと立ち上がった前髪がそっくりです。そう気付いてから、茎を切り落とす時はなるべくエグゼイドの前髪に似せるようにしちゃいます。つくづく、子どもの好き嫌いはごはん作りの張り合いだなと思います。

無限の広がり アボカド明太

材料

アボカド…1個
クリームチーズ…2個（40gぐらい）
明太子…½腹（40g）
ごま油…大さじ2
醤油…少々
黒こしょう…たっぷりがおすすめ

作り方

1 ボウルに、皮からこそいだ明太子、ごま油、醤油を入れて混ぜる。

2 アボカドは半分に切り込みを入れてタネを除き、スプーンですくってボウルに加える。

3 クリームチーズを手でちぎってボウルに加えて混ぜる。アボカドとチーズが少し欠けて、とろっと一体化すると美味しそう。

4 器に盛り、黒こしょうをかける。

アボカドと明太子があればこっちのもんです。油をオリーブオイルに変えると洋風になって、マヨネーズに変えるとこってりめになる、チーズを変えれば香りが変わるし、豆板醤や柚子こしょうを入れてピリ辛つまみにしても良し、クラッカーにのっけるのはもちろん、海苔で巻いても美味しくて、サンドイッチや春巻きの具にもなっちゃう。アレンジ無限、あなたならどうする？

材料

豆腐（木綿でも絹でも）…1丁（350g）

春菊…1束（150g）

塩…大さじ1

Ⓐ [コチュジャン…小さじ2
醤油…小さじ2
ごま油…大さじ1.5

卵黄…1個分

下ごしらえ

◆ 鍋にお湯を沸かす。

◆ 豆腐は水切りする。冷奴なのでそこまでしっかりきらなくても。わたしは、豆腐のパックの蓋に水を出すための切り込みを入れて、キッチンの流し台に立てかけ、豆腐の自重で水切りしています。

◆ 春菊は茎と葉っぱになんとなく切り分ける。

作り方

1 沸騰したお湯に塩を加え、春菊の茎を入れて30秒。続いて葉も加え、20秒茹でる。

2 火からおろして流しで鍋に水を注ぎ、春菊を流水にさらす。人肌程度に冷めたら、水気を絞り、2cm程度に刻む。刻んだらもう一度ぎゅっと握って水気を絞る。

3 ボウルにⒶを入れて混ぜ、春菊を加えて和える。

4 皿に豆腐を置いて、春菊をのせ、卵黄が座れるぐらいのくぼみを作る。そこに卵黄を落とす。

春菊ナムルのせ奴

ASKA'S COMMENT

うちの近所の焼き鳥屋さん（と言い切ってしまうのがもったいないぐらい野菜が美味しい）で食べて真似した、いやパクらせていただいた料理。なんせ春菊には目がないわたくし。春菊の香りとコリコリ食感、こんな活かし方もあるのか〜と感動して、翌日すぐ作りました。春菊ナムルだけでも美味しいけど、ふわふわの豆腐の上で春菊の魅力はより一層輝くのです。

きゅうりの気品と梅ねちょ

ASKA'S COMMENT

きゅうりの皮、見た目や味しみの良さのためにしましまに剝くことはあったのですが、全部剝いちゃうことはありませんでした。よく行く焼肉屋さんで、そういえばここのサラダはいつも皮が剝いてあるなぁと気付き、きゅうりに注目して食べてみると、食感も香りもいつもより控えめだからか、なんだかお上品でキュンでした。きゅうりの気品は皮を剝いたそこに秘められているのでした。

材料

きゅうり…3本

梅干し…3個（タネをとって30gぐらい）

Ⓐ ┌ 鰹節…1パック（5g）
　　│ 醤油…小さじ1
　　│ みりん…小さじ½
　　│ 米油…大さじ1
　　└ 炒りごま…大さじ1

大葉…3枚

下ごしらえ

◆ きゅうりはピーラーで皮を剝き、1cm程度に斜め切り。

◆ 大葉はごく細切り。

作り方

1 梅干しをボウルに入れ、タネをとって潰す。

2 Ⓐを加えてねちょねちょに混ぜ、きゅうりを入れて絡める。

3 器に盛り、大葉をふわっと飾る。

材料

もやし…1袋（200g）

酢…小さじ½

塩…小さじ1

Ⓐ 酢…大さじ2
　　塩…小さじ¼
　　砂糖…小さじ¼
　　豆板醤…小さじ¼〜½
　　黒こしょう…たっぷり

ごま油…小さじ1

下ごしらえ

◆ やってみるまで信じてなかったけど、もやしは根っこをとるとたしかに美味しさが爆増する。心に余裕があって、コツコツ何かに打ち込みたい日に、是非やってみてほしい。

作り方

1 ボウルにⒶを入れて混ぜ、塩と砂糖が大体溶けてからごま油を加えて混ぜる。

2 鍋に、もやしが浸りそうなぐらいの水と、酢と塩を入れてかるく混ぜ、もやしを加えて中火にかける。

3 沸騰したらもやしを混ぜ、火を止める。ザルにあげて、ザルをザッザッと振って水気をきり、調味料を混ぜたボウルに入れて和える。**20〜30分おいた方が、味がまろやかになって美味しい。**

地味すぎるけど
好きもやし

ASKA'S COMMENT

「好きな食べ物は？」って聞かれるの苦手なんです。ひとつに決められなくてグズグズしちゃうから。でも最近、決めたんです。もし好きな食べ物を聞かれることがあったら「酸っぱくて辛いもの」って答えよう、って。酸っぱくて辛いものならなんでも好きだと気付いたのです。このもやしは、そんなわたしが酸っぱさと辛さを求めて作るものなので、かなり酸っぱくて辛く、かつ地味です。本当はこんなんばっかり作ってたいなぁ。

えのきスター

材料

えのき…1袋（100g）
しょうが…少し
にんにく…少し
酒…大さじ1
醤油…大さじ1
片栗粉…大さじ5
揚げ油…適量

下ごしらえ

◆ しょうがとにんにくはすりおろす。
◆ えのきは石づきを切り落とす。

作り方

1 しょうが、にんにく、酒、醤油をボウルで混ぜ、食べやすい大きさにさいたえのきを加えて絡める。

2 片栗粉大さじ3を少しずつ加えながら混ぜて、2〜3分おく。えのきにまとわりついた粉がねっとり固まったら、さらに片栗粉大さじ2を加えて混ぜる。混ぜにくいけど混ぜる。

3 フライパンの底から2cmほどの深さまで油を入れて火にかけ、170度程度に温まったらえのきを揚げ焼き。じっくり片面ずつ、出てくる気泡が小さくなって、音が静かになるまで。箸で触った感触がカサカサになったら網にあげ、油をきる。

ASKA'S COMMENT

子どもウケというか、人間ウケ抜群。食卓の超人気者だから「えのき"スター"」なんであって、あのラーメン菓子を意識してるなんてこと全然ありま、す。完全に狙ってます。あの味と食感を目指しています。冷めるとしなしなになりがちなので、やけどに気をつけて、揚げたてを召し上がれ。

ASKA'S COMMENT

白和えを作る時は気合が入ります。丁寧であればあるほど美味しくなるからです。豆腐の水切り、ほうれん草の下ごしらえ、和え衣の練り加減と、丁寧な作業を積み重ねていると、和食の奥ゆかしさを感じて背筋が伸びます。こればっかりは、基本に忠実に、楽することを考えず作りたいお料理。とか言いながら、クリーミーにするためにチーズ入れちゃったりして、すごく邪道なんだけど。すいません。

まじめな白和え

材料

木綿豆腐…200g

ほうれん草…1束

鰹節…1パック（5g）

醤油…小さじ1

クリームチーズ…1個（20gぐらい）

Ⓐ ┌ すりごま…大さじ1
　　 砂糖…大さじ2〜3（お好みで調整。）
　　 醤油…大さじ1
　　 （ねりごま大さじ1を加えるとコクと香りが
　　 └ グッと良くなる。）

炒りごま…お好みで

下ごしらえ

◆ 鍋にお湯を沸かす。

◆ クリームチーズは冷蔵庫から出して、コンロの近く（あったかいところ）に置いておく。

◆ 鰹節は袋ごともみもみして細かくする。

作り方

1 豆腐を水切りする。沸騰したお湯に、厚さ4等分に切った豆腐を入れて5分ほど茹で、おたまですくってザルに取り出す。キッチンペーパーで包んで再度ザルに入れ、水をはったボウルをのせて、さらに水切り。加熱すると水切りできるだけじゃなく豆腐の臭みもとれておすすめですが、単純に重しをのせるだけでもOK。キッチンペーパーに包んで3分レンチンでも水切りできます。お好きな水切り方法でどうぞ。

2 同じ鍋でほうれん草を茹でる。葉の方を持って茎を先に30秒茹で、全体を沈めてさらに1分茹でる。

3 ほうれん草を流水にさらし、冷めたら手で水気を絞る。特に根っこの方はしっかり絞る。

4 ほうれん草を一口大に切ってほぐし、まな板の上で鰹節と醤油をふりかけ、馴染ませる。

5 ボウルに、水切りした豆腐と、クリームチーズ、Ⓐを入れ、なめらかになるまで練るように混ぜる。あればすり鉢でやるとかっこいい。

6 ほうれん草を加えて混ぜ、炒りごまをお好みでふる。

芽キャベツゴリゴリパルメザン

材料

芽キャベツ…15個
オリーブオイル…大さじ1
バター…5g
にんにく…1片
アンチョビ…2本
パルメザンチーズ…適量

下ごしらえ

◆ 芽キャベツは縦半分に切り、水をはったボウルに入れてじゃぶじゃぶ洗う。ザルにあげて水をきる。

◆ にんにくは包丁の背で潰す。

作り方

1 フライパンに、オリーブオイル、バター、にんにくを入れて中火で熱し、バターが溶けたらアンチョビを加えてヘラで潰す。

2 芽キャベツを加え、油を馴染ませたら、水大さじ2を加えて蓋をして3分蒸し焼き。

3 蓋を開け、なるべく触らないように焼く。触らない方が表面に美味しそうな焼き色がつき、そこから出る香ばしさがこれまた調味料になります。

4 皿に盛り、パルメザンチーズをグレーダーやおろし器でゴリゴリ削ってたっぷりかける。

ASKA'S COMMENT

やけに強そうな名前ですが、ちびキャベツがなんともかわいらしい一皿。芽キャベツは冬から春の初めにかけて野菜売り場に並びます。かわいくてつい買っちゃう。トマト系の煮込み料理に入れたり、天ぷら粉で揚げてフリットと言いはったり、パスタに入れたりと、使い勝手は良いです。我が家で人気なのがパルメザンチーズをゴリゴリ削って食べるソテー。粉チーズでも良いけど、ゴリゴリ削りたては香りが全然違う！

春菊に目がないわたしは生で食べるのも大好き。子どもの頃は、鍋をする時に親が春菊をわんさか入れて食べていて、その破片が自分の取り皿に混入すると、そっと鍋に戻していたぐらい嫌いだったのに。ちなみに、うちの子どもたちは生でもむしゃむしゃ食べます。加熱するよりクセが出ないので、サラダの方が食べやすいのかも。

材料

春菊…½束（80gぐらい）

きゅうり…1本

小ねぎ…2本

Ⓐ 鶏がらスープの素…小さじ1
　醤油…小さじ1
　砂糖…ひとつまみ
　にんにく…少し
　水…大さじ1
　米油…大さじ2
　すりごま…大さじ1

下ごしらえ

◆ 春菊は、まず、大体で良いので茎と葉に切り分ける。葉はざく切り。茎は根元が硬そうなら切り落とし、縦半分に切って、4cm程度に切る。きゅうりは、春菊が旬の時期には皮が硬くなりがちなので、包丁の背で皮をかるくこそいでから使うと良し。縦半分に切って斜め薄切り。小ねぎは斜めに切る。

◆ Ⓐのにんにくはすりおろす。

作り方

1 ボウルに氷水をはって、下ごしらえした野菜を入れてシャキッとさせる。

2 別のボウルにⒶを順に入れて混ぜ、ドレッシングを作る。

3 野菜は、あればサラダスピナーで水気をきり（なければキッチンペーパーで水気を吸い取る）、ボウルの水気を拭いて戻し入れる。

4 ドレッシングを加え、馴染ませる。

春菊サラダ

あんかけとけば なんとかなる大根

材料

大根…10cm（300g）

ほうれん草…½束（90g）

鶏ひき肉…120g

米油…小さじ1

塩…少々

黒こしょう…少々

A ┌ 鶏がらスープの素…小さじ2
　　├ 片栗粉…小さじ2
　　└ 水…150mℓ

下ごしらえ

◆ 大根は皮を剥き、5mm幅の半月切りに。ほうれん草は根を切り落とし、ざく切り。

◆ **A**を合わせる。

作り方

1 耐熱ボウルに大根を入れ、水をちょろっと回しかけて、ラップをして電子レンジ（600W）で5分加熱。大根は下茹でするよりレンチンの方が早くやわらかくなる気がする。なんでだろう。

2 鍋に米油を熱し、鶏ひき肉を入れ、塩こしょうして中火で炒める。あんかけの具として残したいので、パラパラになりすぎないように。

3 ほうれん草を加え、しんなりしたら弱火にする。**A**を混ぜて片栗粉を溶かしてから加える。混ざったら強火にしてぐつぐつさせ、とろみがついたら火を止める。

4 レンチンした大根を水をきって鍋に加え、再度中火にかけて大根にあんを絡ませる。

ASKA'S COMMENT

これぞ名もなき思いつき料理。大根も、ほうれん草も、鶏ひき肉も、どれも中途半端な量が残ってたんですね。とろとろのあんにしちゃえば具のカサ増しになるんじゃないかと、それをかけとけば大根は味付けしなくてもなんとかなるんじゃないかと、思いついたわけです。中途半端さんはみんなまとめてあんにしちゃうっていう技、結構使えます。

春を待つ
タコセロリ

ASKA'S COMMENT

スピード勝負の炒め物。タコに火が通り過ぎて硬くならないように、ジャジャッと炒めてさっさと盛り付けましょう。オイル多めで炒めて、茹でたパスタと和えるという展開技も。セロリは一年中食べられるし、タコとの相性も良くてもう充分に美味しいんだけど、春、菜の花で作るこの炒め物がたまらんのです。タコと一緒に、春を待つ。

材料

蒸しだこ…250g	塩…ふたつまみ
セロリ…2本（200g）	醤油…小さじ1
にんにく…1片	黒こしょう…少々
米油…大さじ1	レモン…お好みで

下ごしらえ

◆ タコは、麺棒などでバシバシ叩くとやわらかくなるような気がします。叩いてから、斜めに削ぐように切る。火を通すと縮んでしまうので、大きめに。

◆ セロリは、茎の端っこから皮を剥くような感じで包丁をあてて、筋を拾って、ピーッととる。上手くいかなかったらピーラー使っちゃってください。

◆ にんにくはみじん切り。

◆ 盛り付けるお皿を先に出しておくと焦らない。

作り方

1 フライパンに米油とにんにくを入れて火にかける。弱火でじわじわ、しっかり香りを出す。

2 にんにくがきつね色になったら、ここからスピード勝負。よしいくぞ！と構えたら、火を強くして、タコとセロリを加え、塩をふって炒める。

3 塩が馴染んだら、鍋肌に醤油を回し入れ、**醤油と油を乳化させるように**フライパンをじゃんじゃか振って火を止める。黒こしょうをふり、お好みでレモンを搾る。

ASKA'S COMMENT

行きつけのお蕎麦屋さんで必ず2皿頼むのが、トマトサラダ。何が美味いってドレッシングですよ。子どもたちがわたしの目を盗んでドレッシングだけ食べようとするぐらいの人気です。こりゃ家で作ったら人気を横取りできるぞと、何度か調合を変えて導き出したレシピ。たっぷりできるので、たっぷりかけて、野菜いっぱい食べてくださいね。

かけたら美味いやつ

材料

トマト…3個

【玉ねぎドレッシング】

玉ねぎ…1個

塩…小さじ1

Ⓐ ┌ 醬油…大さじ3
　　│ 砂糖…大さじ2
　　│ 酢…大さじ2
　　│ 米油…大さじ2
　　└ だし昆布…5×5cm

【カリカリじゃこ】

しらす…100g

米油…大さじ3

作り方

1 しらすと米油をフライパンに入れてしらすに油を絡ませ、弱めの中火にかける。だんだんパチパチとはねてくるので注意。**しらすがこんがりと色づき、水分が抜けてカサカサという音がするまで、じっくり揚げ焼き。**

2 しらすを揚げ焼きしている間に、ドレッシング作り。玉ねぎは粗めのみじん切りにしてボウルに入れ、塩を加えてもむ。水分が出てきたら、ひたひたになるまで水を加えて、5分おく。

3 その間に、トマトの準備。ヘタをとって乱切りにして皿に盛る。余裕があれば湯むきするのもおすすめ。ドレッシングの絡みが良くなります。

4 ボウルにⒶを合わせて混ぜ、水気をよく絞った玉ねぎを加えて混ぜる。

5 トマトに玉ねぎドレッシングをかけ、油をきったカリカリじゃこをかける。

材料

魚の切り身…2切れ
（たら、さわら、めかじきがおすすめ。）

塩…小さじ½

ホールトマト缶…½缶（200g）

梅干し…3個
（塩分や甘さはお好みのものでどうぞ。）

めんつゆ（4倍濃縮）…大さじ1

オリーブオイル…大さじ1

小麦粉…大さじ1

米油…大さじ3

バジル…5g

大葉…3枚

作り方

1 魚の両面に塩をふり、5分おく。

2 その間にソースを作る。タネをとった梅干しをボウルに入れ、めんつゆとオリーブオイルを加えてよく混ぜる。ホールトマトを加え、食感が残る程度に潰しながら混ぜる。

3 魚の表面に浮いた水分をキッチンペーパーで拭き取り、小麦粉をまぶす。

4 フライパンに米油を入れて中火にかける。小麦粉をひとつまみ油に落として、ジュッとなったら、油が温まった合図。魚を並べて、両面にこんがりと焼き色をつけたら、蓋をして弱火で3分。フワッと焼きあげるために蒸し焼き。

5 器にソースと魚を盛り付ける。バジルと大葉を手のひらに挟んでパチパチ叩いて香りを立たせてから、細かくちぎってのせる。

魚のソテー 大親友の彼女の連れソース

ASKA'S COMMENT

このソースを思いついたのは、夏の暑い日。酸っぱくてさっぱりした味にしたいなぁと、トマトに梅を合わせてみました。なんで今までやらなかったんだろう？ってぐらい、いい組み合わせだったので、だったらバジルと大葉も合うんじゃないかとやってみると、想像以上に良い！トマトがバジルを、梅が大葉を、それぞれ連れてきたダブルデートみたい……って思った途端、頭に流れたのは湘南乃風の「純恋歌」。「大親友の彼女の連れ」だ。

材料

鯵の刺身…150g

（鯛、ヒラメ、カンパチでも。その都度「ごま鯛」「ごまヒラメ」と名前を変えるかどうかはあなた次第。）

一味唐辛子…少々

Ⓐ めんつゆ（4倍濃縮）…大さじ2
（これまた福岡で出合った久原のあごだしつゆを使って作ってます。）

　すりごま…大さじ1

　小ねぎ…2本

　みょうが…1本

　しょうが…½片

大葉…4〜5枚

下ごしらえ

◆ 小ねぎ、みょうがは小口切り。しょうがはすりおろす。

◆ 刺身はキッチンペーパーに並べて、一味唐辛子をちょびっとふる。和食料理人さんに教わった魚の臭み消しワザです。本当は、鮎の魚醤もふりかけて馴染ませるといいらしいけど、あんまり家にないよね。

作り方

1 ボウルでⒶを混ぜてたれを作る。

2 キッチンペーパーで水分をしっかりと拭いた刺身を加え、和える。冷蔵庫で冷やすとより美味しくなります。

3 器に大葉を敷き、ごまあじを盛りつける。

ごまあじ

ASKA'S COMMENT

仕事で福岡に通うようになって知った「ごまさば」。福岡が大好きになった料理です。東京でも作って食べたいけど、こっちのスーパーだと鯖の刺身はなかなか手に入りません。ある日、魚売り場にシマアジが並んでいるのを見つけて、いつもマアジしかないのにラッキー！と飛びつきました。これでごまさば作っちゃおうと、それならごまあじってことだろうと、せっかくなら九州の焼酎も買って帰ろうと。そりゃもうご機嫌ですよ。

ASKA'S COMMENT

中華料理のシェフに教わった、美味しい野菜炒めの極意。水分を味方につける、ということ。盛り付けた後べちゃっとなるのが怖くて、水分なんか足すもんかと思ってましたが、逆だそうです。蒸し焼き状態にする方が仕上がりが断然いいんだとか。中華鍋とお店のコンロの火力あっての話でしょ?と疑いましたが、レミパンとうちのキッチンでも美味しくできた。シェフってすごいや。

材料

青梗菜…2株

にんにく…1片

いか…2はい（350〜400g）

米油…大さじ1.5

酒…大さじ1

Ⓐ［ 鶏がらスープの素…小さじ1
　　醤油…小さじ2

黒こしょう…適量

下ごしらえ

◆ 青梗菜は、葉と芯で切り分ける。葉の方はざく切り。芯の方は、縦4〜6等分に切る。にんにくはみじん切り。

◆ いかは、内臓と軟骨を抜いて、水でさっと洗い、水気をよく拭き取る。胴体に縦に包丁を入れて切り開き、皮を剥がす。青梗菜と同じぐらいの大きさに切る。

◆ Ⓐを合わせ、醤油で鶏がらスープを溶く。

作り方

1 フライパンに米油とにんにくを入れて中火にかける。香りが立ったらいかを加え、油にくぐらせるだけですよ、硬くならないでね、という気持ちで一瞬炒めて皿に取り出す。

2 そのまま同じフライパンで、強火で青梗菜を炒める。**青梗菜がツヤツヤしたら**酒を加える。蒸気がジャーッと鍋中に広がることで蒸し焼き状態に。

3 Ⓐを加え、馴染んだらいかを戻して和え、火を止める。皿に盛って黒こしょうをパラパラ。

炒め物は蒸気が決め手

我が家ではひじきよりもおかひじきをよく食べます。おひたしにも炒め物にも鍋料理にも使えて万能だったこともあるけど、おかひじきを見かけるたびに丘サーファーというワードを思い出すので、サーファーの夫を持つわたしとしては無視できないのです。サーファーの夫はおかひじきが大好物なのですが、これで夫が丘サーファーだったらすごく面白いのになって、いつもくだらないことを思って料理しています。

サーファーが好きな おかひじき

材料

豚バラ肉しゃぶしゃぶ用…300g

おかひじき…60g

九条ねぎ…2本

（太さとやわらかさがちょうどよくて好き。なければ小ねぎでも。）

Ⓐ ┌ ポン酢…大さじ3

　　├ 味噌…大さじ1

　　├ 砂糖…ひとつまみ

　　└ 白ねりごま…大さじ2

炒りごま…大さじ1

下ごしらえ

◆ 鍋にお湯を沸かす。

◆ 九条ねぎは小口切りに。

作り方

1 沸騰したお湯でおかひじきを茹でる。お湯に入れて1分、菜箸ですくってザルにあげ、冷水で冷やす。

2 鍋の火を止めて30秒数え、お湯の温度を下げる。それから豚肉を加えてしゃぶしゃぶ。ギリギリピンクではなくなったら、ザルにあげる。こちらは水にさらさず、そのまま冷ます。

3 ボウルにⒶを入れて混ぜ、水気をきった豚肉とおかひじき、ねぎを加えて和える。器に盛り付け、炒りごまをふる。

ささみときゅうり、一緒にさせられすぎてお互い飽きちゃってないかなって心配になります。合わせときゃ美味いのは間違いないんだけど、そのコンビ力に甘んじることなく、それぞれの良さをしっかり引き立てる調理をしてあげなきゃと、責任を感じます（なんの話でしょうか）。何通りもの味付けを考えてきましたが、ザーサイと梅で脇を固めたバージョンが一押し。

材料

ささみ…2本（100g）

きゅうり…2本

長ねぎ…5cm

味付けザーサイ…30g

梅干し…1個

Ⓐ ┌ 鶏がらスープの素…小さじ1
　　 ささみの茹で汁…大さじ1
　　└ ごま油…大さじ2

下ごしらえ

◆ 鍋にお湯を沸かす。

◆ きゅうりは縞目に皮を剥き、グーで叩いて潰し、4〜5cmに切る。

◆ 長ねぎは縦に切り込みを入れて芯を除き、開いて5mm角に切る。芯も5mm程度に切る。

◆ ザーサイは存在感が残るように粗みじん切り。

作り方

1 沸いたお湯に塩と砂糖（各分量外）をそれぞれスプーン1杯ずつ加える。溶けたらささみを入れて火を止め、コンロからおろす。**コンロに置いていると結構な余熱が入るので、逃がします。** そのまま5分ほど放置。

2 ボウルに、タネをとった梅干しを入れ、スプーンでかるく潰す。ザーサイとⒶを加えて混ぜる。

3 ささみを取り出し、手でさいてボウルに加える。きゅうりと長ねぎも加えて和える。

ささみときゅうりのコンビ力

材料

鶏もも肉…2枚（500gぐらい）

砂糖…小さじ½

塩…少々

水…小さじ2

アスパラ…6本

レモン…1個分
（レモン汁を使う場合は大さじ2）

Ⓐ ┌ 長ねぎ…20㎝
　　│ 鶏がらスープの素…大さじ1
　　│ 塩…小さじ¼
　　│ 片栗粉…小さじ½
　　└ 水…大さじ1

米油…大さじ1

下ごしらえ

◆ 鶏もも肉は、皮と身の間にある黄色い脂肪や、目立っている筋などを切ってお掃除。薄く広げるように、包丁の背でバシバシ叩く。一口大に切って器に入れて、砂糖をもみ込む。鶏をしっとりさせるために最初にやりたい作業。

◆ アスパラは下半身の皮をピーラーで剝き、長さを半分に切る。Ⓐの長ねぎはみじん切りにする。

作り方

1 砂糖をもみ込んでしっとりしている鶏もも肉に、さらに塩と水をもみ込む。砂糖からの時間差が大事。

2 ボウルにレモンを搾り、Ⓐを加えて混ぜる。

3 フライパンに米油を中火で熱し、鶏もも肉を入れて焼く。あまり触らないようにして表面にこんがり焼き色をつける。

4 アスパラを入れ、アスパラの色が濃くなって、ツヤっとみずみずしい感じになったらⒶをもう一度混ぜてから加える。強火で炒め、ねぎを絡める。

見知らぬあなたへ
ねぎ塩チキン

ASKA'S COMMENT

この料理を作った時、初めての気持ちになったんです。いつもは、わたしこういうのが食べたかったんだ！とか、子どもたち喜びそうだなとか、自分や家族のことを思いながら作るのですが、この料理の時は、インスタのフォロワーさんたちが好きそうだなぁ、と喜んでいる自分がいてハッとしました。会ったこともない人たちといつの間にか関係性ができていて、喜ばせたいと思ってる、しかもそれがごはん作りの励みになってるなんて。SNSには振り回されないぞと気を付けているけど、SNSの繋がりに、心温まったのでした。

材料

長ねぎ…10cm

なす…1本

ピーマン…1個

生キクラゲ…3枚

Ⓐ 味噌…大さじ2
   砂糖…大さじ1
   醤油…小さじ2

豚肩ロース肉しゃぶしゃぶ用…300g

酒…大さじ1

塩…少々

米油…大さじ1.5

みょうが…3本

下ごしらえ

◆ 長ねぎは斜め薄切り。なすはヘタを
   切り落とし、乱切り。ピーマンはヘ
   タにそって一周ぐるりと包丁を入れる。
   縦6等分ぐらいに切る。キクラゲは
   気になれば石づきを切り落とし、一
   口大に切る。大事なみょうがは小口
   切り。

◆ Ⓐを混ぜる。

◆ 豚肉に酒と塩をもみ込む。

作り方

1 フライパンに米油を中火で熱し、長ねぎ
となすを炒める。他の野菜を使う場合も、
ねぎやにんにくなど香りが出るものから炒
め始めると良いと思います。なすを入れる
場合は油を吸うと美味しいから早め投入が
おすすめ。続いて、火の通りに時間がかか
る根菜類→ちょっと硬めのブロッコリーやア
スパラ→炒めすぎると香りが飛んじゃうきの
こは後半に→最後は食感や色をキープした
いピーマンやもやしや葉野菜、といった順
番で炒めましょう。

2 なすが油を吸ったら、下味をもみ込ん
だ豚肉を加え、色が変わったらⒶを加えて
絡める。

3 ピーマンとキクラゲを加えてさっと炒め
合わせ、器に盛る。みょうがをかける。

ミョウが以外
なんでもいい炒め

ASKA'S COMMENT

冷蔵庫に残り野菜がたまってきたら、このレシピでま
とめて使いきっちゃってください。どんな野菜に変え
ても良いけど、ミョウガだけはぜひ入れてほしい。残
り野菜を片付けたいがために作ったただの味噌野菜炒
めが、仕上げのミョウガで個性が足されて、わざわざ
作った一品みたいな顔で食卓でも堂々としてくれます。

「永谷園の麻婆春雨♪」でお馴染みのあれ、わたしはあの麻婆春雨の素で育ちました。実家の春巻きの具は決まってあの麻婆春雨でした。めちゃくちゃ好きだったのですが、和田家の人間になってからというもの、○○の素に頼らず生きていかなければならないと、決別。自分の味を確立した上で、もう一度あの味と再会してみようと思っています。

麻婆春雨

いつかまた 会えるまで

材料

春雨…70g
椎茸…2枚
にんじん…1/3本
玉ねぎ…1/4個
しょうが…1片
にんにく…1片
ごま油…大さじ1＋小さじ1
豚ひき肉…150g
Ⓐ 味噌…大さじ2
　 酒…大さじ2
　 醤油…大さじ1
　 砂糖…小さじ1
水…300㎖
にら…1/3束 (50g)

下ごしらえ

◆ 春雨はキッチンバサミで半分の長さに切る。春雨の端っこを輪ゴムでとめて、反対側を持って少しずつ切ると、飛び散らなくて切りやすいです。

◆ 椎茸は薄切り。にんじんは薄い短冊切りに。玉ねぎは5mm幅のくし切り。しょうがとにんにくはみじん切り。にらは細かく刻む。

◆ Ⓐを混ぜる。

作り方

1 フライパンにごま油大さじ1を入れて中火にかけ、しょうがとにんにくを炒める。

2 香りが立ったら豚ひき肉を加えて粗めにほぐし、肉の色が変わったら、椎茸、にんじん、玉ねぎを加えて炒める。

3 Ⓐを加えて混ぜ、調味料が馴染んだら水を加える。春雨を広げてのせ、蓋をして弱火で5分煮る。

4 春雨がやわらかくなったら火を止め、にらとごま油小さじ1を加えて混ぜる。

材料

A 水…1200㎖
  だし昆布…5×5㎝
  豚バラ肉しゃぶしゃぶ用…200g

もやし…2袋（400g）

（多すぎじゃない？って思うかもしれないけ
ど、信じて入れてほしい。このもやしの量
が大事なのです。）

B 味噌…大さじ5
  みりん…大さじ2
  にんにく…1片
  すりごま…大さじ5

生キクラゲ…3枚

下ごしらえ

◆ **B**のにんにくはすりおろす。

◆ キクラゲは気になれば石づきを
  切り落とし細切り。

作り方

1 鍋に**A**を入れて中火にかける。
沸いたらアクをとり、もやしを入
れて、蓋をして15分ほど煮る。

2 **B**を加え、さらに15分煮込む。

3 最後にキクラゲを加えてさっ
と煮る。

味噌ラーメンの麺なし

ASKA'S COMMENT

北海道の新千歳空港で味噌ラー
メンを食べた時、これが本物か
……！と感動しましたが、同時
に、うちのスープも負けてない
なと思ったのです。むしろこっ
ちの方が胃にもたれなくて今の
わたしにはちょうど良い。煮込
んだもやしの食感もクセになり
ます。もやしの魅力はシャキシ
ャキだけじゃなかったんだな。

秋田仕込みの芋子汁

材料

だし昆布…5×5cm

鰹節…30g

水…1000ml

鶏もも肉…150g

ごぼう…10cm

にんじん…⅓本

里芋…3個

油揚げ…½枚

舞茸…½パック

せり…10本

（季節によっては手に入らないので、三つ葉で代用してください。）

A ┌ 醤油…大さじ2
　　└ みりん…大さじ2

七味唐辛子…お好みで

下ごしらえ

◆ ごぼうは包丁の背で皮をかるくこそぎ、ごぼうをくるくる回しながら包丁で鉛筆を削るようにしてささがきにする。にんじんは3mm幅の半月切り。里芋は皮を剥いて5mm幅に切る。油揚げは1cm幅に切る。舞茸は食べやすい大きさにほぐす。

◆ 鶏もも肉は小さめの一口大に切る。

作り方

1 合わせだしをとる。鍋に、水とだし昆布、鰹節を入れて中火にかけ、沸いたら弱火で5分煮立たせる。火を止めて、昆布と鰹節をザルでこす。

2 だしを鍋に入れ、野菜と鶏肉を加えて中火にかけ、沸いたらアクをとり、蓋をして10分以上煮込む。

3 里芋がやわらかくなったら**A**を加え、さらに10分煮込み、お椀に盛り付けてせりをのせる。お好みで、スズメをかけて召し上がれ。

ASKA'S COMMENT

旅番組で秋田に行った時、行く先々で出してもらった芋子汁。具や味付けがどれも微妙に違って、そこでしか味わえない味を感じて一杯一杯が尊かったです。とあるおうちでは、お父さんに「スズメ入れても美味いよ」と言われ、「へぇー、秋田ではスズメも食べるんですか！」と驚いてたら、「違う、スズメだよ！スズメ！」と。スズメに聞こえたのは秋田訛りで、しちみ（七味唐辛子）のことでした。

デトックス・スープ

ASKA'S COMMENT

コロナで家にいる時間が増えて、体の重さが気になり、ファスティングする人が周りにとても増えました。みんな口を揃えて言うのが、「大根の梅流し、最強」。ものすごいデトックス効果があるそうです。試してみたいけど、せっかくならもうちょっとおかずっぽくならないかなと思って、勝手ににんにくや鶏肉を入れちゃったのがこちら。デトックス効果も期待したいけど、ちゃんと食べたい、わたしのようなワガママな方はぜひお試しください。

材料

鶏手羽元…8本

大根…10cm（300g）

にんにく…1片

水…1000㎖

梅干し…5個

塩…目安は小さじ½ですが、梅干しの塩分によって調整してください

下ごしらえ

◆ 鶏手羽元は、骨にそって包丁で切り込みを入れる。

◆ 大根は皮を剥いて、5cmの長さの拍子木切りに。にんにくは包丁の背で潰す。

作り方

1 鍋に材料を全て入れて中火にかける。

2 沸いたらアクをとり、蓋をして弱めの中火で30分ほど煮込む。

3 鶏肉を取り出して、フォークやナイフで骨から身をほぐして鍋に戻す。味をみて、塩で調整する。

ある日突然、急にアメリカ南部感ただよう料理ができちゃって、びっくりしました。家にあった食材を適当に組み合わせていたら、これはあれだな、あれだな、ニューオーリンズのガンボスープになりそうだな、と、ピンときたわけですが、わたしはニューオーリンズに行ったこともなければ、ガンボスープの作り方を教わったこともないのです。なんだか呼ばれているような気がして、俄然気になるニューオーリンズ。

急にアメリカ南部スープ

材料

ピーマン…2個
にんにく…1片
玉ねぎ…¼個
オクラ…4本
オリーブオイル…大さじ1
あればチリパウダー…20ふりぐらい
トマトホール缶…1缶（400g）
水…400㎖（トマト缶1杯分）
コンソメ（顆粒）…小さじ1
塩…小さじ½
タバスコ…お好みで

下ごしらえ

◆ ピーマンは粗みじん切り。にんにく、玉ねぎ、オクラはみじん切り。

作り方

1 鍋にオリーブオイル、にんにく、玉ねぎを入れて中火にかける。

2 玉ねぎが透き通ったら、ピーマンとチリパウダーを入れ、ピーマンがしっとりしたら、トマトホール缶を入れる（はねやすいので注意）。

3 水、コンソメ、塩、オクラを入れ、とろみがつくまで煮る。

4 器に盛り、お好みでタバスコをふって食べる。

材料

豚バラ肉しゃぶしゃぶ用…250g

椎茸…2枚

舞茸…½パック

エリンギ…1本

（きのこの種類やバランスはお好みで。）

ごぼう…20cm

水…400ml

Ⓐ ┌ 鰹節…2パック（10gぐらい）
　├ 醤油…100ml
　└ みりん…100ml

うどん…人数分

（乾麺でも蒸し麺でも茹で麺でも。なんならそうめんでも。わたしの推しは五島うどん。）

一味唐辛子…お好みで

下ごしらえ

◆ 椎茸は薄切り。舞茸はほぐす。エリンギは一口大に切る。

◆ ごぼうはピーラーでピラピラにスライス。

◆ 鰹節は袋ごともみもみして細かく。

◆ うどんを茹でる用のお湯を沸かす。

作り方

1 鍋に豚肉を入れて中火にかけ、脂がたっぷりと出たらきのこ類とごぼうを加えて強火で炒める。焼き色をしっかりめにつけたい。

2 水を加え、沸いたらアクをとり、Ⓐを加えて中火で5分ほど煮る。

3 うどんは茹でてザルにあげ、冷水でキュッと締めて水気をきる。それぞれ盛り付けて、お好みで一味をかける。

温度差が肝・うどん

ASKA'S COMMENT

つゆは熱々、うどんは冷たい。この温度差にキュンとします。うどんは冷水でキュッと締めた方が食感が良くなるし、つゆは熱い方がズズッとすすった時に「あぁーっ」となって沁みるし、温度の違うふたつが交わった結果のぬるさがこれまた、乙な感じです。家にお客さんが来て、お酒を飲んだ後の締めに出しても喜ばれる一品。みんな無言ですすります。

二日酔いリゾット

材料

玉ねぎ…½個

にんにく…½片

お湯…400㎖

コンソメ（顆粒）…小さじ2

オリーブオイル…大さじ2＋少々

米…1合

ホールトマト缶…½缶（200g）

コーン缶…1缶（70g）

生ハム…3枚（30g）

（普通のハムやベーコンでも。）

パセリ…20g

（バジルや乾燥オレガノでも。）

パルメザンチーズ…適量

下ごしらえ

◆ 玉ねぎ、にんにく、パセリはみじん切り。

◆ ボウルなどにお湯とコンソメを入れて
溶かし、スープを作っておく。

作り方

1 フライパンにオリーブオイル大さじ2を中火
で熱し、玉ねぎとにんにくを炒める。

2 香りが立ったらお米を加え、オイルにコー
ティングされてツヤツヤになるまで炒める。

3 ホールトマト缶を加え、ヘラでトマトを潰す。

4 コーン缶、生ハムをちぎりながら加え、コン
ソメスープを半量注ぐ。

5 米がスープを吸ったら、再度スープを注ぎ、
好みの硬さになるまで炊く。もし、まだお米が
硬いのに水分がなくなってしまったら、お湯と
コンソメを足して調整してください。

6 器に盛り、パセリ、オリーブオイル少々をトッ
ピングして、パルメザンチーズをグレーダーや
おろし器で削ってかける。

ASKA'S COMMENT

週末、友だち家族を呼んで家でパーティー。料理は出尽くして、お腹もいっぱい、だけどまだまだ喋りたくて、ワインを開けるなら何かつまみたいってことで、生ハムとチーズを盛り合わせて置いておくのですが。大体翌朝にはカピカピに乾いて残ってます。我が家の週末あるあるとも言える状況。そんな時は迷わずリゾット。食べ過ぎ飲み過ぎでなんにも食べたくない、と思っていても、作り始めるとあら不思議。ちゃんとお腹が空くんです。

疲れた時はDIY食卓。Do It Yourself つまり「自分でやって」。蕎麦ドーン、具ドーン、あとは好きに盛り付けて食べて!ということです。具はなんだって好きなものでいいし、スーパーで天ぷらを買ってきても良いと思います。めんつゆに浸せば大概のものはなんでも美味しくなるんじゃないかと思ってます。だからこそ、めんつゆにはこだわる。ここだけは手を抜けないのです。

DIY蕎麦

材料

きゅうり…1本

長ねぎ…10cm

おかひじき…50g

オクラ…5本

豚肉しゃぶしゃぶ用…250g

そば…人数分

（生麺でも乾麺でも、茹でてある麺でも。）

Ⓐ ┌ 水…400ml
　　│ だし昆布…5×5cm
　　│ 鰹節…30g
　　│ 醤油…50ml
　　│ みりん…50ml
　　└ 砂糖…大さじ1

大根おろし…お好みで

下ごしらえ

◆ 鍋にお湯をたっぷりと沸かす。

◆ きゅうりは細切り。長ねぎは小口切り。オクラは鉛筆を削るようにしてガクの黒い部分を削る。

作り方

1 鍋にⒶを全部入れて中火にかける。沸いたら弱火にして、5分ほどコトコト。昆布と鰹節をザルでこしながら、つゆをボウルに移して冷ます。

2 沸かしたお湯で、おかひじきを1分茹でて、菜箸ですくってザルにあげる。続いてオクラを2分茹で、同じくザルにあげ、縦に半分に切る。そのまま豚もさっと茹で、ザルにあげる。豚のアクが浮いてるかもしれないけど、そばも同じお湯で茹でる。ザルにあげて流水にあてながらよく洗い、氷を入れて冷やす。

3 具とそばをそれぞれ大皿に盛り付け、後は各々でよろしくと、器にめんつゆを注いで渡す。

Part
4

今夜はゆっくり話しましょ

広がれ！
地味ごはんの輪

　料理って、キッチンに立つ前から始まっていることなんじゃないか。「今日何食べよう？」って思った時から始まって、頭の中で献立を組み立てて、食材を買いに行くのだって料理のうちなんじゃないか。だとしたら、食べた後の洗い物も、冷蔵庫の食材管理も、料理。そう考えたら、レシピで伝えられることなんて、料理のほんの一部分なんだなと思いました。

　料理番組だと、調味料も食材も計量された状態で用意されていて、野菜は洗ってあるし、なんならみじん切りまでされてるし、「ささみは筋をとってあります」って口で説明するだけで、きれいに筋がとられた状態で登場するし。いやいや、そこに至るまでが大変なんですけどね！と、料理初心者の頃はいじけてました。料理番組に出る側になった今は、これじゃついていけなくて離脱する人もいるよなぁと胸が痛くなることもあります。だからこそ、この本のレシピには、「下ごしらえ」という項目を設けて、調理を始める前にやっておくことを丁寧に書くよう心がけました。

　でも、下ごしらえより前のことだってすごく大事だし、レシピに書かれてないことこそ、みんながどうしてるのか気になりますよね。というわけでこの章では、もっと広く料理と向き合ってみることにします。ほんとは一杯飲みながら一緒に考え合えたらいいんですけどね。

~地味ごはんの輪~

わたし → 皆様

レシピには書ききれないこと

ごはんを作る時、食べる時、どんなことを考えているのか頭の中を分析してみました。子どもの成長、社会問題、生産者さんの言葉など、たくさんのことに影響を受けて、料理と向き合ってます。

 ## 買い物

17:00

ASKA'S
TOPICS

魚料理を増やそうと猛烈に意識しています

「日本人の魚離れをなんとかしてほしい」というお仕事の依頼が、ここ数年で一気に増えました。そのおかげもあって、まずはわたしが魚と近くなければ！と、意識が高まっています。スーパーに行ったら必ず魚売り場を見るようにしているのですが、それだけでも海に思いを馳せる時間が増えて、魚のことや環境のことが、自分事になってきました。

> 88ページで
> 魚の食べ方を
> もっと詳しく！

スーパー大好き

スーパーに行くと、料理スイッチが入ります。何を作るかなかなか思い浮かばない日も、スーパーに行けば食材がヒントをくれるし、食材を眺めていると、新しいアイデアが浮かんでくることもあります。仕事モードから気持ちを切り替えるのも、買い物の時間。子どもたちはどんな1日を過ごしてたかな、みんなどんなものが食べたいかなって、家族を思う時でもあります。わたしは、まとめ買いや冷凍保存で食材を管理するのが至極苦手なので、その日に使う分だけの食材を買うことにしています。毎日スーパーに行かなきゃいけないけど、使いきれなくて食材を無駄にしちゃう、なんてことがぐんと減ります。買った食材を袋に詰める段階で、ある程度料理の流れをイメージすることができるので、キッチンに立ってからがスムーズ。買い物している人たちの日常を感じられるのも好きなところです。

食材を選ぶとき

スーパーに行ったら、最初に野菜売り場へ。野菜から受け取る情報は膨大です。まずは季節を感じる。ブームを知る。新しい品種に出合う。農家さんのこだわりを受け取る。産地に思いを馳せる。先週から50円ぐらい高くなってるけどなんでだろう、とか。こんなに包装する必要あるのかな、とか。美味しそうかどうか、それだけじゃないいろんなこと、考えながら野菜売り場を歩いています。野菜きっかけでおかずを大体決めて、それに合わせて肉や魚を選びます。肉は、どんな飼料を与えられたか、ストレスのない環境で育ったか、それがきちんと表示されているものを選びたいです。高いのも、安いのも、ワケがある。値段の裏側を想像することはとても大事なことです。

裏を見るクセ

調味料のボトルを手に取ったら、裏を見るのがクセになりました。おしゃれなラベルや魅力的な説明文に惹かれても、原材料の表示を見ないことには買うかどうか決められません。材料がシンプルであればあるほど、「余計なもの入れなくても美味しいんで」というメーカーさんの自信を感じて信頼できます。丁寧に作られているものはどうしても値段が高くなるけど、それだけこだわっている証拠。大事に味わおう、と思えるので、買う価値ありだと思ってます。

調理

18:00

まずは食材の整列

キッチンに立ったらまず、使う食材を並べます。おかずごとに分けて置いて、この時点で、肉や魚と野菜のバランスを確かめます。野菜が少なかったら、冷蔵庫をガサゴソして何か足せないか検討。この冷蔵庫のガサゴソで、意外な組み合わせが生まれることもしょっちゅう。最初から、使う食材を並べておくと、数品同時進行で作るのが楽になるんです。まとめて下ごしらえできて時短にもなるし、こっちが濃い味になりそうだからこっちは薄味で、なんて感じに、味付けのバランスも考えやすくなります。

ごみの目安

調理を始める時、流しの横に小さなポリ袋を置きます。ごみを捨てるためなんだけど、役割はそれだけじゃありません。一度の調理でどれぐらいのごみを出しているか、それを把握するための目安にしているのです。ごみで一番多いのは、食材を包んでいたプラスチック。これが3分の2ぐらいを占めてしまいます。あとは、野菜の皮や、卵の殻、だしがらなど。袋に収まる量にごみを抑えられると気分がいいし、逆に、ひと袋では足りない量のごみを出した時は、なんとなく反省。

晩ごはん

19:00

何が入ってるでしょうかゲーム

いただきますと同時に、その日に使った野菜の数を発表。子どもたちが、何の野菜が入ってるか当てる、というゲームをやっていました。当てるために食べて味わってもらうので、野菜の特徴もどんどん覚えていきます。今はもうみんなすっかり野菜に詳しくなって、あんまり盛り上がらなくなってしまったので、やらなくなってしまいました。嬉しいけど、寂しくもある……。

テレビは消す

ごはんの時は会話に集中。テレビ見ながら食べるのだって楽しくていいじゃない、とも思うんですが、テレビに目を奪われて、今食べてるものがなんなのかよくわからず口に運ぶ、という家族の姿がどうしても嫌で、食事中は消すことにしています。と言っても、出演する番組や、日本代表の試合なんかがあると、どうしても消せずにつけたままになることも。甘いな。

ASKA'S TOPICS　　わが家のベロシップについて

「ベロシップ」というのはレミ語で、食べることで繋がる、とか、ごはんを通じたコミュニケーション、とか、そういう意味の言葉です。「子どもが大きくなると、手なんか繋げなくなるし、いいこいいこもさせてくれなくなっちゃう。でも、ごはんを作って一緒に食べることは大人になってからもできるからね。スキンシップより、ベロシップ!」と、レミさんはいつも言うのです。今は、わたしが作ったごはんに、いちいち「美味しい!」なんて言ってはくれない子どもたちですが、いつかスキンシップの手が届かなくなった時に「母親のあれが食べたいなぁ」って、思い出してもらえるように、今からせっせとベロシップしています。

~地味ごはんの輪~

皆様 → わたし **みんなのお悩み相談室**

みなさんから寄せられるお悩み、それぞれ状況は違うのに、共通していることも多いです。わたしはどうしているか考えて書いてみました。自分のやり方を見つけるためのヒントになりますように。

悩み1 子どもの好き嫌いとどう向き合えばいい?

子どものことで、なんでだろう、どうしたらいいんだろう、ってモヤモヤした時、自分だったらどうしてほしいかなぁ、とよく考えます。ほっといてほしいか、とことん向き合ってほしいか、厳しく叱ってほしいか、やさしく寄り添ってほしいか。考えて考えて、結局、わたしとあの子は別の人間なんだからわかるわけないや、という答えにたどり着きます。いつもそうです。好き嫌いの場合もそう。自分が美味しいと思っても、子どもも同じように感じているとは限らないわけです。好き嫌いなくなんでも食べられた方が幸せ、と思うのはわたしの勝手で、好きなものだけ食べてる方が幸せ、という考えの人だっているでしょう。

でも、わかんないから何もしないでいいかというと、そう簡単に諦められることでもなく。健康で丈夫な体になってほしい、自分の体を大事にできる人になってほしい、そう思えば思うほど、なんとか食べさせたくなります。あらゆる手を使ってなんとか食べさせることができたとしても、嫌いなものを好きにさせるのはなかなか至難。こればっかりは、子どものタイミングを待つしかないと思います。大事にしているのは、嫌いなものも子どもの世界から排除しないこと。押し付けはしないけど、食卓に出して、大人が美味しそうに食べているところを見せる。そうじゃないと好きになる機会も奪ってしまうと思います。

あの子はあの子だから、って、尊重したい気持ちと、あの子はわたしの子だから、って、なんとかしてあげたくなる気持ちが、ぐちゃぐちゃに混ざって苦しい。でも苦味だって、甘味やうま味と同じ、大事な味のひとつ。じっくり味わいましょうねぇ。

悩み2 魚料理のバリエーションが少ないです

塩焼き最強ですよ。魚は塩焼き。いいじゃないか塩焼きで。同じ塩焼きでも、魚の種類を変えれば香りも味もまったく別のものになるんだから、魚の種類だけバリエーションがあると思いましょう。海が味方です。

我が家の魚嫌いが最初に好きになってくれた魚料理は、さわらの塩焼きでした。魚に肉のふりさせてごまかすのも、形を見えなくするのも、食べてくれるきっかけとしてはいいんだけど、でもやっぱり、「魚を食べている」ってわかって食べてほしいので、塩焼きを極めました。コツがいろいろあるのでご紹介します。

両面にたっぷり塩をまぶして、濡らした指先でトントンして馴染ませ、10分。魚の表面に浮いてくる水分に臭みが出るので、流水でやさしく洗い流します。汗を洗い流してあげてるみたいで、かわいいなって思っちゃう。

しっかり水気を拭き取って、もう一度塩をふって焼きのスタンバイ。グリルでも、フライパンでも、しっかり温めておきます。強火で表面を焼き固めたら、水を差してジュッて蒸気をあげ、蒸し焼き状態で弱火でじっくり火を通します。最後に火を強めてこんがりと。

右上から、鮭、さわら、さば。他にも、鯛やアジなんかもよく食べます。レモンなどの柑橘類は魚の臭みを消す効果あり。皮を下にして搾ると、より香りが移ります。

これがあれば即一品できる、入れるだけで味が決まる、そんなお助け食材はありませんか？

悩み 3

ありますよ！ お助け食材であると同時に、これがなきゃ料理が不安、ってくらい、頼りにしている食材たちです。どの食材にも共通しているのが、うま味たっぷりということ。味付けというより、美味しくなるための魔法をかけるような気持ちで使います。

海苔

長芋と海苔のさっぱり和え

海苔は、3つのうま味を備えた唯一の天然素材。最強のうま味食材です。サラダ、和え物、汁物、グラタンやパスタにも、なんかちょっと足りないな、と思ったら迷わず海苔です。長芋を叩いて、一口大にしたら、梅肉と醤油を絡ませて、焼き海苔をたっぷりと。しみじみ美味い箸休めに。

キムチ

キムチユッケ

この中だと一番味の主張が強い食材ではありますが、酸味、甘味、塩味のバランスがとれていて、さらにうま味も強い、万能選手です。調味料として使えるし、野菜をプラスしたい時にもおすすめ。お刺身に、キムチたっぷりとお醤油をちょろっと混ぜて、ごまを指で潰してトッピング。

塩昆布

たま昆布

ただ味がつくだけじゃなく、合わせる素材の美味しさを引き出す力があると思うのが塩昆布。噛むとじわっと味が出るのが、後を引くんですよね。好きな固さに茹でた卵をフォークでラフに崩して、塩昆布、ごま油と和えます。フライドオニオンのトッピングでさらに病みつきな味に。

鰹節

大根の鰹節まみれ

鰹節は日本の宝。鰹節を主役にした映画があってもいいのにな、と思って調べてみたら、本当にありました！やっぱりね！ 細切りした大根に鰹節をまぶし、ポン酢・めんつゆ・米油を同じ割合で混ぜて絡めます。追い鰹節で、大根を鰹節まみれに。薬味を加えるのもおすすめです。

疲れすぎてやる気が出ない時どうしてますか？

悩み 4

わたしは外食しちゃいますよ。誰かが作ってくれるごはんに癒されて、片付けのことは考えず思いっきり食べて、キンキンの生ビール飲んで、よし、生き返った！と、気持ちを切り替えます。自分を甘やかすのが、ごはんを作ることより大事な時もあります。

 悩み **5**

家飲みが増えて
つまみに困ってます

よくぞ、この本に出合ってくれました！（笑） わたしは「ごはんもお酒もすすむ料理」をモットーにごはんを作り続けているので、きっと、つまみのレパートリーになるような料理を見つけてもらえると思います。

この本で紹介した料理に合わせることが多いお酒

[ビール]
・自己満コロッケ (P16)
・餃子には Hip Hop (P32)
・さっさと焼きそば (P48)
・地味すぎるけど好きもやし (P61)
・えのきスター (P62)

[日本酒（冷）]
・だし巻き卵 (P18)
・まぐろに込める親心 (P37)
・DIY 蕎麦 (P83)

[日本酒（熱燗）]
・牛しぐれ煮 all the single ladies (P28)
・きゅうりの気品と梅ねちょ (P60)
・秋田仕込みの芋子汁 (P78)

[レモンサワー]
・魚からあげ (P12)
・ガリバタ醤油で魚とエリンギ (P44)
・春を待つタコセロリ (P67)
・見知らぬあなたへ
　ねぎ塩チキン (P74)

[白ワイン]
・リベンジパエリア (P26)
・芽キャベツゴリゴリパルメザン (P64)
・魚のソテー
　大親友の彼女の連れソース (P69)

[シードル]
・アボカニのコチュジャン和え (P41)
・しろしろサラダ (P45)
・打開のルッコラ
　油揚げのサラダ (P44)

[芋焼酎ソーダ割り]
・タコさし ごま油ジュ (P49)
・ピーザン (P55)
・にんじんしりしり かわいいしりしり (P56)
・春菊ナムルのせ奴 (P59)
・ミョウガ以外なんでもいい炒め (P75)

[芋焼酎ロック]
・ごまあじ (P70)
・ささみときゅうりのコンビカ (P73)

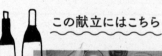 この献立にはこちら

 ビール 01

 何かのソーダ割り 02

 白ワイン 03

 悩み **6**

晩ごはんに惣菜ばかりで罪悪感が…

いいと思います、お惣菜。お惣菜を試食する仕事もたまにありますが、もうこれでいいじゃん、と思うような美味しいものに出合うこともありますもん。まあでも、人に肯定されたとて、罪悪感が消えてなくなることはないんですよね。よくわかります。汁物だけでも作れば、だいぶ罪悪感がかるくなるのでは。鍋に水、鰹節、乾燥わかめ、ミニトマトを放り込み、沸いたら卵を溶き入れ、味噌かめんつゆで味付け。これだけでも、家の味でお腹をあっためた、という充実感が生まれますよ。

悩み 7

調理道具 どれを使えばいいか わからない

道具を選ぶ基準は本当に人それぞれですよね。素材か、機能性か、はたまた人の評価の高さなのか。料理に対して苦手意識があるのなら、料理に向かう気持ちを少しでも楽しくするために、自分のテンションが上がる見た目で選んでもいいのでは。使ってるうちに、ここがもうちょっとこうだったら使いやすいのになぁ、なんて思い始めて、だんだんと自分に馴染むものがわかってくるんじゃないかと思います。いまだに見た目重視のわたしが選んだ道具たち、よかったら参考にしてくださいね。

レミパン＆ツールたち。これで作れない料理はない！たぶん！というぐらい、万能です。

ASKA'S
お気に入りGOODS

砂糖・塩
使用頻度が高いので常に出しておきたい塩と砂糖は、DULTONのスパイスジャーに入れてます。コンロの雰囲気とマッチすることを絶対条件に、めちゃくちゃ探しました。

ミル
こしょうも、塩と砂糖のジャーと一緒に並べて置きたかったので、ステンレスのシンプルなものを選びました。見た目で選んだけど、さすがRussell Hobbs、使い勝手も最高。

フードプロセッサー
フードプロセッサーは何台か使い比べてきましたが、山本電気のこちらが一番しっくりくる。これだけを使い続けています。みじん切りにも、ミンチにも、ポタージュにも。

返せるまな板
四隅についた小さな足が底面を浮かせるので、片面を使った後も洗わず裏返して使えちゃう。remyのキッチン道具は、アイデアでキッチンに立つ人をお助けします。

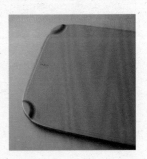

土鍋
土鍋は長谷園のかまどさん。土鍋初心者におすすめと聞いて選んだけど、本当にその通りでとても炊きやすいです。たまに違う土鍋も欲しくなるけど、結局これで満足しちゃう。

ザル・ボウル
ザルとボウルは、CHERRY TERRACEのもの。レミさんのお墨付きです。中には結婚当初から10年以上使い続けているものも。いろんなサイズをちょっとずつ買い足してきました。

〜地味ごはんの輪〜
わたし → 皆様

わたしが出合った日本のいいもの

東京にはなんだって揃ってる、と思って生活してたけど、仕事で地方に行く機会が増えると、東京とは質の違う深い豊かさがあることに気付かされました。みなさんの地域の自慢はなんですか？

① Akita
② Fukui
④ Gifu
⑧ Hiroshima
③ Ibaraki
⑨⑩ Fukuoka
⑤ Ibaraki, Chiba
⑪ Nagasaki
⑥ Shizuoka
⑦ Nara

まだまだあるけど一部を紹介します。

小町椀／秋田・川連塗　寿次郎①

旅番組で漆器ができるまでの工程を取材。木を器の形に大まかに削った後、もくもくと煙が立ち込める部屋にズラっと並べ、燻煙で木を乾燥させている光景が圧巻でした。漆器は特別な日に出す器というイメージがあったけど、使い込むことでツヤが出てくるからガンガン使うべし、と教わり、贅沢にも味噌汁椀に使って育てています。

あまえび大判／松村米菓②

えびの味がこれでもかと凝縮されていて、塩気もちょうどよく、何より軽い！　もう1枚食べ終わっちゃった、と寂しくなるほど。このままでも美味しいけど、わたしはこれをクラッカーのように使うのが好きで、トマトサルサやアボカドのワカモレをのせたり、砕いてサラダにトッピングしたりして、食べています。ちょっとふやけた感じもまた良し。

硬派なほしいも"ぷれすた"／坪ほしいも直売所③

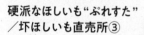

撮影で茨城に行った帰り、道の駅で出合いました。レミさん芋好きだからなーと思ってお土産に買ったけど、移動の車で自分がバリバリ貪り食ってしまった。干し芋というより、さつまいもでできた下敷きです。めちゃくちゃ硬いです。その硬さが噛んでいてとにかく気持ち良い。油も砂糖もなし、芋そのものの味なのも嬉しい。

純生芋こんにゃく／八百芳こんにゃく店④

CM撮影で名古屋へ。ふらっとおでん屋さんに入りました。ひとり楽しく日本酒の飲み比べとかしながら、おでんをつまんでいて気になったのが、このこんにゃく。熱いこだわりが書かれていて、こんにゃくこだわる〜？と疑いつつ注文。疑ったことを土下座して詫びたくなるほどの美味しさでした。わたしの優勝こんにゃくです。

OSMIC FIRST PRINCESS／OSMIC⑤

仕事で知ったミニトマト。わたしが敬愛する名シェフたちも賞賛する確かな味で、他のミニトマトとは一線を画していると思います。とにかくうま味が濃い。正直値段は高いですが、一度味わったら忘れられません。一時期、よく行くスーパーで、このトマトの横にわたしの顔がプリントされたPOPが貼られていて、カゴに入れるのがちょっぴり恥ずかしかったな。

ボロニアソーセージ／二の岡フーヅ⑥

料理上手で、いつも美味しいごはんを食べさせてくれる友だちが教えてくれた、御殿場のハム・ソーセージ屋さん。これを厚くスライスしてこんがり焼いて、同じくカリッカリに焼いたトーストにドンとのせ、粒マスタードをたっぷり。プリッとした食感と、じゅわっと溢れる肉汁で、グッドモーニング！って感じに元気が出ます。

風の森 ALPHA 1 DRY／油長酒造⑦

新幹線の車内誌の企画で奈良を巡りました。日本最古の神社のひとつと言われる大神神社は、酒造りの神様が宿っているとのことで、参拝の時自然と「お世話になっています」と心が込もりました。その流れで酒蔵をまわって日本酒の勉強ができたのも嬉しかったなぁ。ALPHAシリーズはどれもおすすめ。お気に入りが必ず見つかります。

2019 徳佐 シードル／瀬戸内醸造所 (※2019がなくなり次第2020 徳佐 シードルに切り替わる)⑧

紹介しているものの中で最もリピート率が高いのが、こちら。自分用にはもちろん、仕事先への差し入れに、友だちの家に行く時の手土産に、お酒好きの方へのプレゼントに、みんなに飲んでみてほしくていっぱい注文してます。これに出合うまではそんなにシードル好きではなかったけど、すっかりファンになってしまいました。

塩さば 真空袋 3枚入り／進藤商店⑨

福岡でやっている番組で取材させてもらった干物屋さん。この塩さば、何が起きたんだ？というぐらい、美味しいのです。鯖には本当に申し訳ないけど、ただの塩さばが、どうしてこんなに美味しくなる？何が違うんだろう？わたしはただいつも通りグリルで焼くだけなんですけどね。食通の方にも自信を持って贈れる逸品です。

甘酒入り赤麹／野々実会⑩

福岡県の飯塚市で、長野おばあちゃんが作り続けているスペシャルな調味料。唐辛子入りの塩麹、といった感じだけど、そんな簡単な説明じゃもったいないぐらいの力があります。塩味、甘味、辛味、うま味のバランスが素晴らしく、肉や魚の下味に使うと驚くほど風味が良くなります。使い始めると何にでも入れたくなっちゃう。

サラダボウル LL アルチザナ／ZOE L'Atelier de poterie⑪

窯が点在している波佐見エリアで、控えめに、でも明らかに目立っていたお店がこちら。直径26cmもある大きなサラダボウルは、「みんなで集まって、大きな器を囲んでごはんを食べられる日が早く戻りますように」と願いを込めて作られたそうです。大きくて作るのが大変だけど「願うことは諦められなかった」というお店の方の言葉が忘れられません。

お問い合わせ先は96ページを見てください。

~地味ごはんの輪~

皆様 → わたし

まだまだ気になる料理のあれこれ

料理に絶対必要、ってわけではないんだけど、料理する自分のために絶対必要なもの、ありますよね。
キッチンでどんなものに囲まれてるのか、よく質問いただくこと、まとめて答えます!

Request 1 味噌の容器が見たい!

野田琺瑯の密閉蓋がついているタイプを使用。
入っている味噌は種類もバランスもその時によって
バラバラ。実はあんまりこだわりないんです(笑)。

粒の味噌。この中だ
と一番若い味。塩味
もまだ若干とがりあり。

『10年かかって地味ごはん。』
の時は…

麦味噌 …

3年熟成味噌

つぶつぶ味噌 …

… 岩田さんの
味噌

白味噌

大分の麦味噌。
わたしは麦味
噌が一番好き。
麹感というか
甘さが強い。

熟成の進んだ赤味
噌。香りもコクも強
め。味のベースとし
て使うことが多い。

こしタイプ。溶けやすく
香りもマイルドなので、
ドレッシングや和え物に。

※サイズは
14.5×22.5
×6.5cm

Request 2 エコバッグが見たい! エプロンも!

料理や仕事の時のみならず、
買い物や子どもの送迎もエプ
ロンしたまま行っちゃうので、
大事なアイテムです。

子どもの服を買った時おまけ
でもらったバッグ。縫製がしっ
かりしているのでガシガシ入
れられて洗濯もできる。

わたしがプロデュースし
たzipron。色はチリ。
タオル一体型で手が拭
けます。首が疲れない、
これ、大事。

こちらはオリーブとい
う色。背中の留め具
は抱っこ紐からヒント
を得ました。洗い替
え用のタオルもあるよ。

衣装で着たものをスタ
イリストさんから譲り受
けました。丈の長さと
リネンのゆるさがこな
れた感じになって良い!

"HELLO BEER" の
ロゴにノックアウト。
布が硬めで着にくい
かなと思いきや、ハ
リがあってかっこいい。

Request 3 料理の時によく聴く曲を教えて

キッチンに立った時の気分でかけているので、どうやって決めているのか自分でもよくわかりません。具体的に曲が頭に思い浮かんで、あれが聴きたい！と思ってかけることは、実はそんなにないんです。スマートスピーカーのアレクサに、ジャンルやアーティストだけ指定して、ランダムにかけてもらうことが多いです。最近は、子どもたちが、流行ってる新譜や学校で習った曲をアレクサにリクエストして、スピーカーを乗っ取られることも増えました。それはそれで子どもたちのことがわかるからいいけど、基本的にはわたしの気分に合う音楽をかけたい。音楽次第で料理のペースも作れるし、「みじん切りならビヨンセに勝てるかなぁ」とか、くだらないこと考える余裕も持てたりするし。

ASKA'S PLAYLIST

歌いながら作りたい

If I Ain't Got You / Alicia Keys
Someone Like You / Adele
Honesty / Billy Joel
Warwick Avenue / Duffy
BADモード / 宇多田ヒカル
Where Is The Love?
　/ Black Eyed Peas

つらくてテンションをあげたい

Give It Away
　/ Red Hot Chili Peppers
The Pretender / Foo Fighters
Déjà Vu / Beyoncé
She Wants To Move / N.E.R.D
So What / P!nk
Something Just Like This
　/ The Chainsmokers & Coldplay

作業に没頭したい

Nobody feat. Ms. Lauryn Hill
/ Nas
Stan / Eminem
Heard 'Em Say / Kanye West
Nonstop / Drake
Family Affair / Mary. J Blige
Hustler's Ambition / 50 Cent
Girl Talk / TLC

Request 4 ひとりの時の昼ごはんは何を食べているの？

納豆ごはんですね。外に出る予定があれば、出かけた先でランチすることもありますが、家での作業日や忙しくて時間がない時は、大体納豆ごはんです。ただ、納豆だけじゃ寂しいので、常備してあるキムチやツナ、お弁当の残りのブロッコリーや、アボカドなんかがあるとラッキーですが、とにかくいろいろ盛り込んで。めちゃくちゃ体に良いじゃん！モデルさんみたいよ！と思い込んで。

Request 5 生活で大切にしていること

子どもたちの話を聞く。野菜と魚をたくさん食べる。金曜日は家族で外食して1週間の打ち上げをする。服は着る前にスチームをかけて整える。週に1回はピラティスに行く。それぐらいかなぁ。案外少ないもんですね。

Request 6 育児、仕事、家事のバランスのとり方

バランスは人によって違うんだってことをまずは考えたいです。わたしもあなたもあの人もみんな違う。だから、自分の頑張り方が人と違っても気にしない。あと、バランスは変わり続けるもんだと思います。とにかく「こうでなきゃ」って、自分を縛り付けないようにする。

和田明日香
（わだあすか）

料理家・食育インストラクター。東京都出身。3児の母。料理愛好家・平野レミの次男と結婚後、修業を重ね、食育インストラクターの資格を取得。各メディアでのオリジナルレシピ紹介、企業へのレシピ提供など、料理家としての活動のほか、“食育”や“家族のコミュニケーション”をテーマにした全国各地での講演会やイベント出演、コラム執筆、ラジオ、CMなど、幅広く活動する。前作の『10年かかって地味ごはん。』（主婦の友社）は2022年、第9回料理レシピ本大賞in Japan 料理部門入賞。2023年2月に発行部数24万部を突破。2021年からスタートした自身初の冠番組となるRKB毎日放送『和田明日香のア・レシピ』は毎週土曜日オンエア。他レギュラーにNHK-FM『眠れない貴女へ』、テレビ朝日『家事ヤロウ!!! リアル家事24時・お悩み解決レシピコーナー』など。https://remy.jp

装丁・デザイン	鳥沢智沙（sunshine bird graphic）
スタイリング	西﨑弥沙
ヘア＆メイク	渡辺真由美（GON.）
撮影	佐山裕子（主婦の友社）
DTP制作	天満咲江、松田修尚（主婦の友社）
編集担当	宮川知子（主婦の友社）
調理アシスタント	数本知子、都留沙矢香
協力	鶴谷祐加（ポリバレント）

P92〜93に掲載されている商品の問い合わせ先

＊株式会社や有限会社等は略してあります。
＊メーカー名と問い合わせ先が異なるものは（ ）に商品名を記載しました。

- 秋田・川連塗 寿次郎
  0183-42-3576
- イバラキセンス（硬派なほしいも“ぷれすた”／圷ほしいも直売所）
  03-5524-0818
- OSMIC
  0120-225-039
- 進藤商店
  0120-262-505
- 瀬戸内醸造所
  050-3749-9902
- ZOE L'Atelier de poterie SHOP ＋ CAFÉ
  0956-55-7460
- 二の岡フーヅ
  0550-82-0127
- 野々実会
  0948-72-4755
- 八百芳こんにゃく店
  0576-28-2018
- 油長酒造
  0745-62-2047
- 吉村甘露堂鯖江北野本店（あまえび大判／松村米菓）
  0778-51-1168

楽ありゃ苦もある
（らく）（く）

地味ごはん。
（じみ）

2023年3月31日　第1刷発行
2023年5月20日　第6刷発行

著　者　和田明日香（わだあすか）
発行者　平野健一
発行所　株式会社主婦の友社
　　　　〒141-0021
　　　　東京都品川区上大崎3-1-1
　　　　目黒セントラルスクエア
　　　　電話 03-5280-7537（編集）
　　　　　　 03-5280-7551（販売）
印刷所　大日本印刷株式会社

©Asuka Wada 2023 Printed in Japan
ISBN 978-4-07-453931-4

■本書の内容に関するお問い合わせ、また、印刷・製本など製造上の不良がございましたら、主婦の友社（電話 03-5280-7537）にご連絡ください。
■主婦の友社が発行する書籍・ムックのご注文は、お近くの書店か主婦の友社コールセンター（電話 0120-916-892）まで。
＊お問い合わせ受付時間 月〜金（祝日を除く）9：30〜17：30
主婦の友社ホームページ https://shufunotomo.co.jp/

甘すぎない、大人の味わい

アイスクリーム＆
シャーベット

坂田阿希子
中川たま
本間節子
寺田聡美

家の光協会